朝鮮

우리가
잃어버린
이름

조선
의용군

義勇軍

| 일러두기 |

- 이 책에 나오는 중국어는 국립국어원 외래어 표기법을 따르되 원어 발음을 고려하였다.
- 조선의용군은 '조선의용대의 화북지대'를 말하지만, 이 책에서는 독자들의 혼란을 최소화하기 위해 의용대와 의용군을 나누지 않고 혼용해서 썼다.

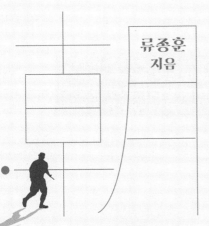

류종훈
지음

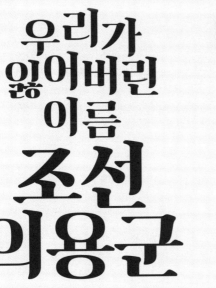

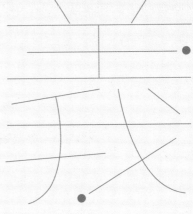

항일투쟁의 최전선에 섰던 김원봉과
조선의용군을 찾아 중국 현지 10,000km를 가다

우리가
잃어버린
이름
조선
의용군

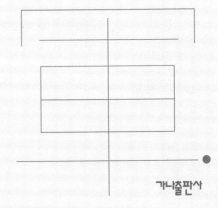

가나출판사

조선의용군에 대한 주요 사건 및 단체 연혁 정리

19 19年

[의열단]

만주 길림성에서 조직된 독립운동 단체. 단장은 약산 김원봉이 맡았고, 신흥무관학교 출신들이 많았다. 일본 관료와 친일파 암살, 관공서 폭파와 같은 직접 무력 투쟁을 내걸었다. 1920년대 조선총독부와 동양척식회사, 밀양경찰서 등에 폭탄을 투척하는 의거를 감행했다. 〈암살〉과 〈밀정〉 등의 영화에서 의열단의 당시 투쟁이 중요한 소재로 등장했다.

19 23年

[의열단 선언문]

약산 김원봉의 부탁을 받은 단재 신채호는 의열단의 이념과 전략을 담은 조선혁명선언을 작성한다. 의열단 선언문으로 알려진 이 글을 통해 의열단은 일본을 조선의 생존을 박탈해간 강도로 규정하고, 폭력을 혁명의 수단으로 정당화했다.

[종로경찰서 폭탄 투척]

의열단원인 김상옥이 조선 식민 통치의 상징인 종로경찰서에 폭탄을 투척한 의거. 이후 김상옥은 일본 경찰 1천여 명의 포위 끝에 총격전을 벌이다 권총으로 자결했다. 영화 〈밀정〉에서 배우 박휘순이 열연한 도입 부분은 김상옥 열사를 떠올리게 한다.

1931年

[만주사변]

일본 관동군은 만주 철도를 폭파하고 이를 중국의 소행이라며 만주를 전격 침략한다. 만주 전역을 점령한 일본군은 청나라 마지막 황제 부의를 꼭두각시로 내세워 만주국을 세운 뒤, 중국 침략을 준비한다.

1932年

[조선혁명군사정치간부학교]

의열단은 1932년 정기대표대회에서 혁명가 양성을 위한 군관학교 설립을 결의했다. 중국 국민당의 지원을 받아 난징에 설립해 운영했다. 흔히 의열단 간부학교로 불렸고, 시인 이육사가 이 학교에서 배웠다. 남경 천녕사에 3기가 다녔던 학교 건물이 남아 있다.

[윤봉길 의거]

백범 김구의 지도를 받은 한인애국단 소속 윤봉길 의사가 상해 홍구공원에서 일왕의 생일축하 기념식장에 폭탄을 투척한 의거. 일본 상해 파견군 사령관 시라카와가 즉사하고 주중 일본공사 시게미쓰가 중상을 입었다. 윤봉길 의사는 현장에서 체포되어 사형당했다. 중국 국민당의 장개석은 "중국의 백만 대군도 해내지 못한 일을 조선인 청년 한 명이 해냈다."라며 극찬했다.

1933年

[중앙군관학교 한인특별반]

윤봉길 의거 이후 백범 김구는 장개석의 협조를 얻어 낙양의 중앙군관학교에 조선 청년들을 교육하기 위한 특별반을 만들기로 합의했다. 약산 김원봉은 난징 의열단 간부학교에서 훈련 중이던 청년들을 선발해 낙양에 합류토록 했다.

19 35年

[민족혁명당]

의열단을 비롯해 중국에서 활동하고 있던 독립운동 단체들이 모여서 만든 연합. 민족혁명당 산하에 군사 조직을 두는 것을 역점 사업으로 추진했고, 이는 조선의용군 창설로 이어진다. 훗날 임시 정부에 참여하고 군사 조직은 광복군으로 편입된다.

19 37年

[노구교 사건]

일본과 중국군이 북경 외각의 노구교에서 충돌한다. 이를 구실로 일본군이 북경에 전면 공격을 감행하면서 중일전쟁이 발발한다. 대륙 전역이 전쟁터가 되면서 중국 국민당과 공산당의 2차 국공합 작이 이루어지고, 중국에 기반을 둔 독립운동 단체들도 일본과의 전면 무장투쟁에 돌입하게 된다.

[난징대학살]

중일전쟁이 발발하면서 일본군은 중국의 수도였던 난징을 공격한다. 국민당은 무한을 거쳐 중경으로 철수했지만, 일본군은 난징을 함락한 후 무고한 시민을 대상으로 30여만 명으로 추산되는 대량 학살을 자행한다.

19 38年

[조선의용군 창설]

중국 국민당 정부와의 논의 끝에 약산 김원봉은 군사 조직을 만드는 데 합의한다. 창설 당시 이름은 조선의용대, 인원은 97명이었다. 창립대회장에는 아리랑이 울려 퍼졌다. 의열단이 세상에 이름을 알리고 수많은 동지가 일제에 의해 형장의 이슬로 사라진 지 20여 년 만에 명실상부한 군사 대오로의 진화였다.

[중경 임시정부]

일본군이 파죽지세로 중국 내륙을 침략하면서 대한민국 임시정부 역시 창사, 광동, 류저우 등지로 계속 짐을 싸야 했다. 1940년 국민당 정부의 임시 수도였던 중경으로 이전하면서 대열을 정비한 후, 광복군 창설과 대일 선전포고 등 활발한 활동을 이어나갔다.

[광복군]

임시정부는 중경에서 한국광복군총사령부를 발족했다. 총사령관은 지청천, 참모장은 이범석이었고 세 개의 지대로 편성했다. 일본이 중일전쟁에 이어 미국 하와이 진주만을 공습해 태평양 전쟁이 발발하자 1941년 12월 일본을 상대로 선전포고를 했다. 북상하지 않고 중경에 남아 있던 조선의용군과 약산 김원봉도 1942년 광복군에 합류하고 김원봉은 광복군 부사령에 취임했다.

1940年

[조선의용군 북상]

중경의 중국 국민당은 일본과의 교전에 소극적이었다. 황하 이북에서는 모택동이 이끄는 중국 공산당 팔로군이 일본과 치열하게 전투를 이어가고 있었다. 의용군은 전장을 택했다. 천년고도 낙양에서 나룻배로 황하를 건너 팔로군 지역으로 북상한 것이다. 이후 의용군은 중국 공산당과 긴밀한 관계를 맺고 일본군과의 전투에 투입된다.

[호가장 전투]

중국 하북성 호가장에서 팔로군 지역으로 북상한 조선의용군은 일본군과 처음으로 교전한다. 이 전투로 의용군은 네 명이 전사했다. 호가장 전투를 계기로 조선의용군은 팔로군과 태항산 일대 중국 민중들에게 강한 인상을 남기며 인정받기 시작한다. 조선의용군 마지막 분대장으로 알려진 故 김학철 선생도 이 전투에서 부상을 입고 일본군에 체포되어 다리를 절단했다.

1941年

19 42年

[반소탕전]

일본군은 태항산 일대의 중국 팔로군을 겨냥해 대대적인 소탕전을 전개한다. 이에 맞선 팔로군의 전투를 반소탕전이라고 부르고 중국 공산당이 아직도 손에 꼽는 항일 전투다. 팔로군 총사령부까지 쳐들어온 일본군에 맞서 조선의용군도 함께 전투에 참여했으며, 의열단 시절부터 김원봉의 평생 동지였던 석정 윤세주 등이 이 전투에서 전사했다. 팔로군의 팽덕회, 등소평 같은 최고위급 간부도 이들의 희생을 바탕으로 철수하는 데 성공했다고 전해진다.

19 44年

[조선혁명군정학교]

조선의용군의 주력이 중국 공산당의 본거지인 연안으로 이동했지만, 태항산에 조선의용군이 있다는 소문을 듣고 계속 조선 청년들이 모여들었다. 이들을 교육시키기 위해 조선혁명군정학교를 설립했고, 해방될 때까지 3백여 명의 청년이 이곳을 거쳐갔다.

19 45年

[조선의용군 심양 입성]

일본의 패망과 함께 조선의용군은 심양으로 집결해 그해 11월 오가황 조선소학교에서 의용군 전원대회를 개최한다. 2천 명이 넘게 불어난 조선 청년들이 운동장을 가득 메웠다. 1919년 만주에서 결성된 의열단 이후 수십년이 지나 그 후예들이 다시 만주 땅에 모인 역사적 순간이었다.

[만주 항일빨치산]

해방 전 중국 대륙의 조선인 무장 대오는 광복군과 조선의용군 외에도 만주 지역에서 항일투쟁을 하던 빨치산들이 있었다. 중국 공산당의 동북항일연군 소속으로 싸웠으나 1930년대 후반 일본 관동군의 대대적인 토벌로 궤멸 상태에 몰렸다. 살아남은 대원들이 소련 국경을 넘어 소련군의 지원을 받아 부대를 재정비했다. 88여단으로 불린 이들의 지도부에 김일성이 있었다.

지워져 가는
역사의 한 페이지를
움켜잡다

한국사 길잡이 큰별쌤
최태성

조선의 청춘들이 조국 해방을 위해 군사 훈련을 받았다는 남경의 '천녕사'를 여름에 다녀온 적이 있었다. 깊은 산 속 겨우겨우 찾아간 허름한 건물터. 10분을 버티기 어려웠다. 보이지 않는 날벌레들이 옷 속으로 파고들며 끊임없이 물어뜯었다. 도망치듯 나오며 생각했다. 도대체 이런 곳에서 어떻게 숙식을 하며 훈련을 했단 말인가? 도대체 그 청춘들은 누구란 말인가?

그 청춘들은 이후 조선의용군으로 우리 곁에 다가온다. '조선의용군'. 낯선 이름. 정리되어 있지 않은 파편화 된 정보들이 주는 답답함. 그런데 KBS 류종훈 피디가 이 책을 통해 조선의용군의 희뿌연 실체에 색을 입혔다. 중국 대륙을 무려 10,000km, 비 온 길을 먼지 나도록 다니며 추적한 조선의용군의 생생한 모습.

암흑과도 같은 시절, 희망의 불빛 한 줄 부여잡기 위해 대륙의 대장정을 마다치 않았던 조선 청춘들의 발자취가 보이기 시작한다. 잊혀가고 있었던 그 청춘들의 뜨거운 조국 해방의 함성이 들리기 시작한다. 지워져 가고 있었던 역사의 한 페이지를 다시 움켜잡으며 우리의 역사였다고 선명하게 쓰기 시작한다. 이제 그 청춘들을 만나러 함께 떠나 보자. 그리고 '조·선·의·용·군'을 기억하자. 기억해야 역사가 되기에….

일제의 간담을
서늘하게 한 '의열단'은
그 후에 어떻게 됐을까?

영화 〈암살〉은 1,270만 명이 봤고, 〈밀정〉은 750만 명이 봤다. 〈암살〉의 조승우와 〈밀정〉의 이병헌, 두 배우가 뿜어내는 불꽃 카리스마는 영화 속 잠깐 스쳐 지나가는 카메오임에도 쉽사리 잊을 수가 없다. 강렬한 인상을 남긴 두 배우가 연기한 인물은 일제강점기에 중국에서 의열단을 만들어 독립투쟁의 최전선에 섰던 약산 김원봉이다.

영화의 흥행 이후, 김원봉에 대한 관심이 폭발했다. 백범 김구 주석의 현상금이 5만 엔일 때, 김원봉의 현상금이 8만 엔이었다는 기사도 나왔다. 현상금이 최고점에 도달했을 때는 지금 화폐 가치로 3백 억이 넘는다는 설명이 떠돌았다. 일본 제국 입장에서는 눈엣가시 같은, 꼭 제거해야 할 테러리스트 1호에 이름을 올린 셈이다.

일제가 조선인들을 핍박할 때 의열단도 가만히 있었던 것은 아니다. 의열단은 조선 총독과 관료들, 친일파, 밀정을 암살 대상으로 정했고, 총독부와 식민 통치를 미화하는 언론기관, 각 경찰서를 파괴 대상으로 삼았다. 그리고 실제로 행동했다. 조선 총독부, 종로경찰서, 동양척식주식회사 등 일제 식민 통치를 뒷받침하던 핵심 기관들에 폭탄을 던지고, 추격하는 경찰들과 총격전을 마다치 않았다.

나석주, 김상옥 열사 등의 이름을 교과서에서 배운 기억이 날 것이다. 이 의열단의 노선과 행동강령을 적은 문건이 단재 신채호 선생의 유명한 '조선혁명선언'이다. '폭력은 우리 혁명의 유일한 무기다'며 일제의 간담을 서늘하게 한 의열단은 그 후에 어떻게 됐을까?

북경 노구교盧溝橋, 루거우치아오 근처에 인민항일전쟁기념관이 있다. 일본군이 1937년 중국 대륙을 침략하면서 처음으로 넘었던 다리가 노구교다. 기념관에서는 뜻밖의 사진 한 장을 볼 수 있다. 본관 입구 왼쪽 벽에 있는데, 어느 시골집 담벼락에 선전문구를 쓰고 있는 병사의 모습이 담긴 사진이나. 앳된 보습의 그는 이렇게 쓰고 있다. '중한 양 민족은 연합하여 강도 일본을 타도하자.' 중국의 항일 전쟁 승리를 기념하는 장소에서 눈에 확 들어오는 모습이다. 사진 밑에 '조선의용군 선전부'라는 설명이 붙어 있다. 맞은편에는 중국 인민해방군의 군가인 팔로군 행진곡 악보가 크게 확대되어 걸려 있다. 중국의 중요한 국가 경축일에 빠지지 않는 곡이다. 작곡자 정율성은 전라남도 광주에서 태어난 한국인이다. 조선의용군과 정율성, 아직 우리에게 낯선 이름이다. 하지만 의열단은 조금씩 진화해 해방의 그 순간까지 대륙을 누볐다.

중국 곳곳에 그들의 흔적이 남아 있다. 북경에서 고속철을 타고 2시간 남짓 가면 한단邯鄲이라는 도시가 있다. 춘추전국시대 조나라의 수도였던 곳이다. 한때는 한단 사람들의 걸음걸이를 배우기 위해 전국에서 모여들었다는 유행의 1번지였지만, 지금은 인구 백만 남짓의 작은 지방 도시다. 한단에서 백여 킬로미터 떨어진 곳이 섭현과 좌권현이라는 농촌이다. 중국의 그랜드 캐니언으로 불리며 험준한 산세를 자랑하는 태항산太行山, 타이항산 줄기가 지나는 곳이다. 바로 이곳이 의열단 동지였던 약산 김원봉, 석정 윤세주 등이 주도해 결성한 '조선의용군'이 활약하던 곳이다. 남장촌, 중원촌, 석문촌 등 시골 마을 곳곳에 의용군의 주둔지, 학교 터가 남아 있다. 전투에서 전사한 의용군 열사들의 묘도 일부 보존되어 있다. 운두저촌이라는 마을 입구 누각에는 아직 우리말이 선명하게 쓰여 있다. '왜놈의 상관놈들을 쏴죽이고 총을 메고 조선의용군을 찾아오시오.' 투박하지만 힘 있게 또박또박 쓰여 있는 글자를 보면 당시 의용군의 기상을 느낄 수 있다.

이곳 태항산은 당시 중국 공산당의 팔로군과 일본군이 맞붙은 최전선이었다. 일본군이 팔로군 총사령부에 포탄을 쏟아부으며 들이치던 날, 조선인 전사들은 팔로군과 동료 의용군의 주력을 엄호하며 퇴로를 뚫었다. 그 전투에서 김원봉과 같은 밀양 사람이자 의열단 창립 멤버였던 석정 윤세주가 전사했다. 그의 목숨 값으로 탈출하는 데 성공한 당시 중국 공산당 간부들이 팽덕회와 등소평 등 훗날 대륙을 주름잡은 이들이다. 윤세주의 장례식에는 팔로군 총사령관이자 중국 인민해방군의 아버지라고 불리는 주덕이 직접 참석해 추도사를 읽었다.

한단에서 가까운 석가장石家庄, 스좌장이라는 도시에서 기차로 8시간여를 가면 연안延安, 옌안이다. 이곳은 중국 공산당이 대장정을 마치고 짐을 푼 곳으로, 중국 혁명의 성지다. 아직도 중국인들은 흡사 무슬림들이 사우디의 메카를 찾듯이 이곳으로 향한다. 이를 가리켜 '홍색 관광'이라고도 한다. 연안 혁명기념관 광장의 거대한 모택동 동상이 이 도시의 위상을 말해준다.

이곳에도 어김없이 조선의용군이 흔적이 남아 있다. 공산당은 이곳이 황토 지형임을 이용해 산에 토굴을 파고 살았다. 모택동과 주은래 등 최고위 지도부도 예외가 아니었다. 나가평羅家坪, 뤄자핑이라는 연안 인근의 시골 마을에는 의용군이 살았던 토굴들이 아직 남아 있다. 의용군 간부를 교육하기 위해 세운 조선혁명군정학교의 흔적도 남아 있다. 광주 사람 정율성이 이곳 연안에서 팔로군 행진곡을 썼다. 연안의 혁명 전사라면 당시 목청껏 한 번쯤 불러봤을 법한 옌안송도 정율성의 작품이다.

당시 연안은 전 세계 지식인들의 주목을 받았다. 푸른 눈의 에드가 스노우Edgar Snow가 연안을 찾아와 중국 공산당 홍군을 생생히 기록한 책이 그 유명한 《중국의 붉은 별》이다. 에드가 스노우의 부인은 님 웨일스Nym Wales라는 필명으로 알려진 저널리스트다. 그녀 역시 연안에서 만난 한 조선인 혁명가를 기록으로 남겼다. 그의 본명은 장지락으로, 김산이라는 이름으로 잘 알려진 그의 생애를 다룬 책이 《아리랑》이다. 김산은 대륙 곳곳을 누비며 조선독립과 혁명에 일생을 던졌다. 그리고 연안에서 일본 스파이로 몰려 비밀리에 처형당했다. 일제의 체포와 고문을 견디던 청년의 미처 예상하지 못한 비극적 결말이었다. 중국 공산당은 1980년대에 들어서야 잘못된 판단이었음을 인정하고 그의 명예를 복권했다.

비극은 김산의 억울한 죽음으로만 끝난 것이 아니었다. 일본과 대적하기 위해 기꺼이 총을 들고 폭탄을 품고 다녔던 조선의용군 역시 전혀 예상치 못한 결말로 역사에 묻혔다. 조국은 분단됐고 그들은 대부분 북쪽을 택했다. 김원봉도 마찬가지였다. 친일파 청산이 제대로 이뤄지지 못한 남쪽에 실망한 그는 월북했다. 마찬가지로 월북한 정율성은 북조선 인민군가를 작곡했다. 의용군은 6·25 때 남침한 인민군의 주력 부대였다. 이후 그들의 존재는 남쪽에서 금기어가 되었다. 김원봉의 가족들은 빨갱이로 몰려 한국전쟁 때 학살당했다. 2012년 KBS에서 〈13억 대륙을 흔들다, 음악가 정율성〉이라는 다큐멘터리를 방송할 때는 보수 세력의 반발로 수차례 방송을 연기하는 진통을 겪어야 했다. 광복 70년이 지났지만, 대한민국은 아직도 앙금을 씻어내지 못하고 있다.

북에서는 더했다. 김일성 개인숭배를 비판하며 북한을 집단지도 체제로 이끌려고 했던 조선의용군 출신들은 종파 분자로 몰려 숙청당했다. 주시경의 제자로 저명한 한글학자였던 김두봉, 의용군의 핵심 간부로 북한의 재정상을 지냈던 최창익 등 수많은 조선의용군 간부들이 이른바 연안파로 몰려 일제의 감옥이 아닌 해방된 조국의 감옥과 수용소에서 숨을 거뒀다. 김원봉의 죽음은 기록조차 없다. 수용소에서 분에 못 이겨 스스로 청산가리를 들이켰다는 풍문만 전해진다. 가까스로 압록강을 건너 중국 만주로 도망친 의용군 몇몇만이 살아남았다. 그들이 아니었다면 제대로 된 의용군의 기록과 구전조차 남지 못할 뻔했다.

일본의 탄압과 잔악함이 점점 극에 달해가던 때, 항일 무장투쟁의 명맥은 임시정부의 광복군과 만주의 항일빨치산, 그리고 이들 조선의용군이 잇고 있었다. 그중 의용군의 대오가 가장 많았고 최전선에 있었다. 누구보다 독립을 열망했고 한목숨 던지는 데 주저함이 없던 이들이었다. 하지만 그토록 염원하던 일본의 패망 이후, 남과 북 모두 그들을 역사에서 지웠다. 팔로군 동료들이 세워준 몇몇 묘비와 기념비가 여기저기 흩어져 있을 뿐이다.

다행히 몇 년 전부터 이곳을 찾는 한국인들이 늘어나면서 조선의용군을 재조명하려는 시도가 이어지고 있다. 그러나 아직 민간 차원의 움직임이 대부분이다. 갈 길은 그들이 헤쳐 왔던 그 길만큼이나 멀고도 험하다. 그들의 흔적을 모두 찾아 세보는 것도 벅차다. 중국 남부의 남경과 계림, 독립운동의 마지막 보루였던 서부의 중경, 중국 공산당과 함께 싸웠던 태항산과 연안, 북경 너머 북방의 기동을 지나 마지막 만주에 이르기까지 대륙을 누빈 그들의 흔적은 1만 킬로미터를 훌쩍 넘어선다.

영화 〈암살〉에서 안옥윤과 속사포, 황덕삼은 작전을 앞두고 태극기 앞에서 사진을 찍는다. 카메라 앞에서 어설프게 웃었던 그들은 대부분 돌아오지 못했다. 그렇게 몸을 던진 독립투사들이 있었기에 우리는 지금 일본말로 수업을 안 받아도 되고, 때마다 천황폐하 만세를 외치지 않아도 된다. 선대에게 이루 말할 수 없는 빚을 졌다. 빚은 갚아야 한다. 나가평촌의 무너져 내려가는 토굴과 운두저촌의 쓰레기 옆에 방치된 의용군 옛터라는 기념비 앞에서 마땅히 후대가 해야 할 일이 무엇인가를 고민하게 된다.

류종훈

나가는 글

01

의열단장 김원봉,
독립을 위해
학교를 세우다

조선혁명군사정치간부학교

●● 남경 南京, 난징 – 천녕사 天宁寺, 티엔닝쓰

영화 〈밀정〉에서 공유는 고문에 굴복해 자백하게 될까 봐 스스로 혀를 깨문다. 뭉개진 혀와 함께 붉은 피가 입 밖으로 흘렀다. 말을 못하게 된 그가 감옥에서 웅크리고 있던 모습이 오랫동안 기억에 남았다. 실화를 바탕으로 한 이 영화의 주인공은 평생을 독립운동에 투신한 의열단원 김시현이다. 김시현은 실제 폭탄을 반입하려던 사건으로 일본 경찰에게 체포되어 6여 년간 옥살이했다. 출소

하자마자 중국으로 망명했지만, 밀정을 처단했다가 다시 체포된다. 이번엔 5년여를 살았다. 나오자마자 항일투사를 규합하는 일을 했다가 다시 감옥에 갔다. 거기서 1년을 있었는데, 거의 산송장이나 다름없어지자 감옥에서 죽을 것을 번거로워한 일본 경찰이 보석으로 풀어줬다. 베이징으로 건너가 몸을 추스린 그는 기력을 회복하자마자 다시 항일전선에 섰다가 4번째로 투옥됐다. 이번에는 해방되고 나서야 풀려났다. 그는 항상 당당했던 기개와는 다소 어울리지 않게 말이 어눌했다. 실제로 그는 혀가 짧았다. 고문을 받는 중에 정신없이 얻어맞다가 혹시라도 자백할 것을 염려해 혀를 물었기 때문이다.

대한민국의 중고생이라면 국어 교과서에도 나오는 이육사의 '청포도'라는 시를 여러 번 읽고 한 번쯤 외웠을 것이다. 기자이자 시인이었던 이육사의 펜은 유려했다. 그런데 그는 한순간 펜을 버리고 중국으로 건너갔다. 그리고 중국에서 폭탄 제조법을 배웠다. 만들고 던지기를 모두 잘했다. 특히 사격에 능했다. 이육사의 딸은 아버지가 촛불을 끄고 권총을 해체했다가 다시 조립할 정도로 총을 잘 다뤘다는 얘기를 들었다고 증언했다. 그러나 그는 뜻을 펼치기도 전에 일본 경찰에 의해 검거된다. 고문이 심해서 입고 있던 옷을 피로 여러 차례 적셨다고 한다.

| 김시현 | 이육사

출소 후 이육사는 '청포도'를 썼다. 그러나 다시 펜을 놓고 중국과 한국을 오갔다. 일본이 가만있지 않았다. 독립을 1년여 앞둔 어느 날 이육사는 시체가 돼서야 베이징 감옥을 나올 수 있었다.

김시현과 이육사, 이 둘은 같은 학교에 다녔다. 김시현은 선생으로 몸을 담았고, 이육사는 학생으로 다녔다. 학교 이름이 조선혁명군사정치간부학교였다. 1930년대가 되면서 일본은 대륙 침략에 대한 야심을 노골적으로 드러냈다. 만주와 상해에 일본군 깃발이 휘날렸다. 중국과 일본 사이에 본격적인 전쟁이 시간문제로 다가왔다. 이때 의열단장이었던 김원봉이 민첩하게 움직였다. 본격적인 항일투사 양성이 필요한 시점이라 판단한 김원봉은 학교를 세웠

| 김원봉 |
독립운동가.
의열단을 조직하였고
조선의용군을 이끌었다.

다. 의열단 간부학교, 조선혁명 간부훈련반 등 여러 이름으로 불렸
는데, 정식 명칭은 '조선혁명군사정치간부학교'였다. 이 학교는 중
국 국민당의 지원을 받았다. 운영 경비와 소요물자 외에 경상비로
매달 3천 위안을 지급했다고 한다. 중국은 의열단 운영비로도 매월
수백 위안을 지원했다. 다가오는 중일전쟁(1937년 7월부터 일본의
침략으로 중국에 전개된 전쟁)의 그림자는 약산 김원봉에게 중국을 설
득해 항일 투쟁의 역량을 재정비할 기회이기도 했다.

의열단이라면 치를 떨던 일제가 주시했다. 이육사가 투옥된 것
이 이 학교 출신들에 대한 대대적인 검거령 때문이었다. 학교는 1기
부터 3기까지 125명의 독립운동가를 배출했다. 1기로 졸업한 윤
세주, 김세일, 서휘 등은 후일 대부분 조선의용군의 주요 간부로

활약했다. 김시현도 생도들을 모집하고 가르쳤다. 이육사는 김시현이 북경의 모집 책임자로 있을 때 1기생으로 학교에 들어왔다. 학교는 남경南京, 난징에 있었는데, 밀정들에게 발각되면서 학교 건물을 자주 옮겼다. 3기는 천녕사天宁寺, 티엔닝쓰라는 절을 학교 건물로 이용했다.

남경은 강소성江苏省, 장쑤성의 성도다. 삼국지에 나오는 오나라 때부터 주요 도시였고, 명나라도 처음에는 이곳을 도읍으로 정했다. 일본강점기 때 남경은 우리 기억에 난징 대학살로 남아 있다. 난징 대학살은 1937년 일본군이 장개석이 이끄는 국민정부의 수도였던 남경을 공격해 대량 학살을 자행한 사건이다. 피해자를 20~30만 명으로 추산한다. 당시 일본 신문에 일본군 장교 2명이 누가 먼저 100명의 목을 자르나를 가지고 내기를 했다는 기사가 실리기도 했다. 대표적인 전쟁 범죄다. 일본의 극우 세력은 위안부와 마찬가지로 난징 대학살도 날조된 것이라고 주장해 중국인들의 분노를 사곤 한다.

김원봉이 독립운동의 활로를 모색하며 남경에 학교를 세운 것은 아직 남경에 일본군이 들이치기 전이었다. 김원봉은 1932년 7월에 학교를 설립했고, 천녕사는 1935년에 3기생들이 훈련받던 장소였다. 중국에는 '천녕사'라는 이름을 가신 절이 많은데 다행히 바이두에 검색하니 남경에는 한 곳밖에 없었다. 산속으로 표시된 이곳으로 찾아가기 위해 나는 남경 시가지를 벗어나 한참을 달려야 했다.

휴대폰에 디디추싱嘀嘀出行이라는 앱을 깔면 웬만한 도시에서의 이동은 편하다. 중국판 우버인데, 목적지를 지도에서 찍을 수도 있고 입력할 수도 있다. 택시요금도 표시되니 택시를 탔다가 바가지를 쓰지 않을까 하는 걱정도 없다. 결재도 알리 페이나 위챗 페이 같은 모바일 결재라 휴대폰만 있으면 지갑이 필요가 없을 정도다. 남경 시내에서 이곳까지 50위안 조금 넘게 나왔다. 디디를 부른 후 걸려오는 기사 전화를 받을 수 있을 정도의 미약한 중국어 실력만 있다면 택시보다 훨씬 낫다.

운전하는 중국인이 남경에 유명한 절이 많은데 천녕사는 처음 들어봤다며 여행객이냐고 반복해 물어왔다. 차에서 내려 아파트 공사가 한창인 개발구를 지나 산길로 올라갔다. 커다란 저수지가 벽돌담으로 엄청나게 넓게 둘려 있었다. 그 안에 있나 싶어서 지나가는 사람에게 물었더니, 밑으로 내려가면 산으로 올라가는 작은 길이 있는데, 그 길을 따라가면 오래된 절이 하나 있는 것 같다고 했다. 절 이름은 그들도 알지 못했다.

저수지를 두른 벽돌과 마을 주택 사이에 작은 골목길이 있긴 했

┃ 천녕사라고 적힌 팻말 ┃ 길의 흔적이 없어져 걱정했는데 10분쯤 걷자 '천녕사'라고 쓰인 노란색 팻말이 눈에 들어왔다.

다. 그런데 종이 상자를 찢어 끝자락을 막아놨다. 아무리 둘러봐도 별다른 길을 찾을 수가 없어 얼기설기 막아놓은 종이 상자를 들춰내니 희미하게 산길 흔적이 남아 있었다. 조금 오르자 밑으로 저수지가 한눈에 들어왔다. 그 저수지를 옆으로 두고 계속 걸었다. 길의 흔적이 있다가 없다가 해서 걱정 반 두려움 반이었는데, 10분쯤 걷자 '천녕사'라고 쓰인 노란색 팻말이 눈에 들어왔다.

80여 년 전 조선의 독립을 꿈꾸던 혈기왕성한 청년들이 이곳에서 훈련을 받았다. 마을 주민들이 모를 만했다. 절은 폐허였다. 곧 무너질 듯한 작은 건물이 위태로웠다. 사람의 온기가 없어신 지 꽤

| 폐허가 된 청녕사 외경 | 80여 년 전 조선의 독립을 꿈꾸던 혈기왕성한 청년들이 이곳에서 훈련을 받았다.

되어 보였다. 산길도 잡풀로 덮여 희미했으니 알 만했다. 절 앞에 커다란 주춧돌이 두 개 남아 있고 아직 무너지지 않은 건물이 남아 있었다. 주춧돌에 '천녕사'라고 쓰여 있었다. 입구 앞으로 작은 집도 아직 남아 있었다. 창문을 열고 내부를 들여다봤다. 벽화와 제기가 군데군데 남아 있었다. 도교 사당으로도 쓰인 듯 보였다. 여기 어딘가에서 의기가 끓어오르는 청년 수십이 기거했었다. 절 주변으로 허물어진 돌담의 흔적들이 보였다. 숙소였든 교실이었든 지금의 폐허보다는 규모가 꽤 컸지 않았나 싶었다. 저 밑 저수지부터 절 뒤의

야산이 모두 훈련을 위해 땀 흘리며 누비던 장소였을 것이다. 산
중턱에 움푹 들어가 있고 잡목이 우거져 외부에서 잘 보이지도 않
았다.

천녕사에서 3기 개학식이 있던 날, 김두봉이 작사하고 정율성이
작곡한 교가가 이곳 황룡산 자락에 울려 퍼졌다.

> 이국 산천에 천막을 치고
> 우리 청년들 가르침을 배우네
> 이곳에서 우리의 칼을 빛나게 문질러
> 원수를 소멸하려 하네

학생들에게는 각각 소총 한 자루와 탄알 200발이 지급됐다.

나라가 망한 지 어느덧 이십여 년, 담대하게 버티던 사람들도 하
나둘씩 무너져 내렸다. 독립은 고사하고 일본의 힘은 대륙을 집어
삼킬 기세로 뻗어 가는 것이 눈앞에 보였다. 절망은 곁에 있었고
득실을 따지는 유혹은 달콤했다. 그렇게 많은 이가 대열에서 이탈
했다. 투쟁의 대오를 유지하는 것이 중요했다. 영화 〈암살〉에서 전
지현은 말한다. "알려줘야지. 우리가 아직 싸우고 있다고."

1920년대 독립운동의 빛나는 별이었던 의열단은 이후를 기약하

고 있었다. 결국, 의열단의 주축이었던 이들이 이곳 남경에서 다시
한 번 시작을 결의했다. 그리고 이 학교를 졸업한 투사들이 식민지
조국의 동포들에게 끊어지지 않은 싸움의 소식을 전했다. 그들 중
김시현과 이육사가 있었다.

이육사에게 청포도가 익어가던 내 고장 칠월이 어떤 의미였는
지, 지금은 스산한 폐허로 남은 이곳을 한번 다녀가면 단박에 알
수 있다. 정작 시를 배우던 때에는 알지 못했다. '내가 바라는 손님
은 고달픈 몸으로 청포를 입고 찾아온다고 했으니.' 이육사를 비롯
한 조선의 청년들이 멀고 먼 이곳 산중에서 밤낮을 가리지 않고 청
포를 입고 찾아올 독립을 기다렸다. 고달픈 몸으로 찾아올 손님을
기다리지 않고 직접 마중하기 위해 뛰쳐나갔다. 되새겨본 시 한 구
절 한 구절이 전율로 깊이 박힌다.

청포도(靑葡萄)
_이육사

내 고장 칠월은
청포도가 익어 가는 시절.

이 마을 전설이 주저리주저리 열리고

먼 데 하늘이 꿈꾸며 알알이 들어와 박혀,

하늘 밑 푸른 바다가 가슴을 열고
흰 돛단배가 곱게 밀려서 오면,

내가 바라는 손님은 고달픈 몸으로
청포(靑袍)를 입고 찾아온다고 했으니,

내 그를 맞아 이 포도를 따 먹으면
두 손은 함뿍 적셔도 좋으련,

아이야, 우리 식탁엔 은쟁반에
하이얀 모시 수건을 마련해 두렴.

| 찾아가는 길 |
조선혁명군사정치간부학교

국외독립운동사적지 사이트(http://oversea.i815.or.kr)에 주소가 나와 있다. 강소성 남경시 강령구 상방진 장산림구(江苏省 南京市 江宁区 上坊镇 长山林区 天宁寺)다. 장산림구가 워낙 넓은 지역이라 주소로 찾기는 힘들다. 중국 포탈인 바이두 맵에 천녕사를 검색하면 바로 나온다. 바이두에서는 쉽게 찾았는데, 실제 가는 길이 쉽지 않다. 비운 지 오래된 절이라 마을 사람들도 잘 모르고, 한산한 곳이라 마을 사람을 만나기도 쉽지 않다. 커다란 저수지와 마을 주택 사이의 길을 잘 찾아야 한다.

02

조선의용군의
막이 열리다

민족혁명당 본부

●● 남경 南京, 난징 ─ 호가화원 胡家花园, 후찌아화위엔

　　1932년 민족혁명당이 결성됐다. 김원봉의 의열단을 주축으로 조선독립당, 조선혁명당, 신한독립당 등 여러 이름을 갖고 있던 단체들이 결합했다. 김규식 등 임시정부의 국무위원들이 여럿 참여한 최대의 통합이었다. 김원봉은 당의 군사조직 건설이 급선무라고 생각했다. 거듭 시도한 끝에 탄생한 조선의용대는 그 결실이었다.

　　김원봉만 그랬던 것은 아니다. 당시 많은 독립운동가의 공통된

생각이었다. 김구도 마찬가지였다. 김원봉에게 의열단이 있었다면 김구에게는 한인 애국단이 있었다. 윤봉길이 상해 홍구공원에서 폭탄을 던져 일본 고위 장성과 외교관이 참석했던 쟁쟁한 자리가 말 그대로 쑥대밭이 됐다. 일본 상해파견군 총사령관 시라카와 요시노리 대장이 즉사했다. 그때 중상을 입고 평생 다리를 절다가 나중에 외무장관이 되어 미주리호에서 일본의 항복문서에 서명한 이가 시게미쓰 마모루다. 대륙의 일인자 장개석이 "중국의 백만 대군도 하지 못한 일을 조선의 한 청년이 했다니 대단하다"며 감탄했다는 말이 구전된다.

이 일이 계기가 되어 장개석과 중국 국민당이 김구와 김원봉의 거듭된 요청을 받아들였다. 중국 낙양洛阳, 뤄양에 있는 중앙육군군관학교에 조선 청년들을 위한 특별반을 만들어줬다. 조선혁명군정학교를 졸업한 이들 중 김원봉과 지청천을 따르던 학생들이 남경으로 이동했다. 처음에는 교부영 16호에 모여 살았다. 지금도 당시의 모습을 찾을 수 있다. 교부영이라는 이름을 찾아갔는데, 오래된 아파트 단지였다. 꽤 낡은 6층짜리 건물이었는데, 당시의 주택은 아니었을 것이다. 노인들에게 물어봐도 아무도 정확하게 알지 못했다. 수리 공사를 하는지 단지 전체가 어수선했다.

이 낡은 아파트의 운명도 어찌 될지 모른다. 이미 길 하나를 사이

┃ **교부영 16호** ┃ 조선혁명군정학교를 졸업한 이들 중 김원봉과 지청천을 따르던 학생들은 이곳에 모여 살았다.

에 두고 고급백화점이 들어섰다. 교부영 앞은 부자묘라는 남경의 손꼽히는 번화가다. 이미 사라진 흔적이지만 주소마저 어찌 될지 모르니 표지석 하나라도 세우는 것이 시급해 보였다.

교부영에서 이주한 곳이 호가화원^{胡家花園, 후찌아화위엔}이다. 민족혁명당 본부도 이곳에 뒀다. 호가화원은 호씨 집안의 정원이라는 뜻으로, 청나라 말기 세도가였던 호은섭의 대저택이 있던 곳이다. 호은섭은 남경에서도 손꼽히는 부호였다. 기사를 검색해보면 호가화원 안에 묘오울원과 이연선님이라는 사원을 민족혁명당의 터전으로 사용했다고 나온다. 조선 청년들이 군사훈련을 받던 연병장도 있었다. 하지만 지금은 흔적이 없다. 독립기념관 자료에는 이곳이 쓰레기로 가득한 빈민촌 사진으로 나온다. 연합뉴스가 2013년에 다녀갔을 때 묘오울원은 남아 있었지만, 호가화원은 복원 공사 중인 것으로 나왔다. 빈민가로 방치되고 훼손됐던 호가화원은 지금은 깨끗하게 정비돼 있다. 호가화원 길 건너편도 당시 기와집을 짓는 공사가 한창이었다. 아마 구역 전체를 옛 모습으로 복원하는 듯했다.

현지에서는 호가화원보다는 우원愚園이라는 명칭으로 더 알려졌다. 원래 명나라 중산왕의 유원지였는데 청나라 때 호씨 집안이 이곳에 정원을 만들었다. 조선의용군 연구에 천착한 김성룡에 의하면 '흙을 쌓아 산을 만들고 땅을 파서 늪을 만들었으며 각가지 진귀한 화초를 심고 정교한 누각을 수십 채 지어 유명한 원림이 되었다. 우원은 청나라 말기에 공원으로 개방되어 많이 알려지기 시작했으며, 호씨 집안에서 만들었기 때문에 사람들이 호가화원이라고 불렀다'며 연원을 상세히 밝혀놨다. 지금은 호수 주변 3만 제곱미터에 옛 모습을 살려놨다. 입장료 20위안을 내야 안으로 들어갈 수 있다. 안내 책자에는 당시 저명한 중국 인사 여러 명이 이곳에 손님으로 왔다고 적혀 있다. 호수를 둘러 건물을 다시 세우고 내부

┃호가화원┃ 빈민가로 방치되고 훼손됐던 호가화원이 지금은 깨끗하게 정비되었다.

에는 그때의 생활상을 알 수 있는 소품들을 재현해놨다. 건물은 꽤
여러 채가 있지만, 김원봉이나 민족혁명당의 흔적은 없다. 안내원
에게 물어봐도 조선인이나 조선독립과 관련한 이야기는 듣지 못했
다고 난처해한다.

주변 경치가 아름답다. 기암괴석에 각종 분재까지 살려 놨다. 호
수 가운데 징자를 배경으로 사진 찍기에 바쁜 관광 온 중국인들이

41

보였다. 이유는 달랐지만 80여 년 전 이곳의 어떤 사람도 마찬가지로 분주했다. 일본의 본격적인 중국침략 직전이었다. 남경도 위태위태했다. 역으로 군사조직을 만들겠다는 그의 생각은 조금씩 구체화되고 있었다. 1920년대 만주 봉오동과 청산리에서의 빛나던 전과를 되살리겠다는 의지가 날이 갈수록 강렬해졌다. 폭탄을 던지고 암살을 시도하는 것만으로는 한계가 있음을 절감한 끝에 나온 결론이었다. 대중 운동을 이끌 강력한 군사조직의 건설을 위해 김원봉은 1926년 의열단 일부 단원들과 함께 중국 황포군관학교 4기생으로 입교한다. 이후 상해, 북경을 거쳐 남경으로 왔다.

그는 조선 청년들에게 호소했다. 그의 울림은 중국 각지와 조선을 가리지 않고 퍼져 나갔다. 다른 사람이 아닌 의열단을 만든 약산 김원봉이었다. 1937년 님 웨일즈가 조선인 혁명가 김산을 만나 엮은 책《아리랑》에 김산이 김원봉을 회고하는 대목이 나온다. '김원봉은 고전적인 폭력주의자, 냉정하고 대담무쌍한 사나이였다. 거의 입을 열어 말하거나 소리를 내어 웃는 일도 없이 도서관에 들어앉아 독서하는 것으로 시간을 보내고 있었다. 김원봉은 동무들에 대해서는 아주 온화하고 친절했지만, 또한 무섭게 잔인한 사람으로도 될 수 있었다.' 일제가 손꼽는 제거대상 1호의 외침에 조선 청년들이 속속 남경으로 모여들었다.

김원봉은 중국 정부와 교섭하여 청년들을 교섭하기 위한 돈과 물자를 지원받았다. 교육은 엄했다. 새벽 5시 반에 일어나 종일 군사훈련과 사상 학습을 하고 정해진 시간에 잠들었다. 애초 중국 국민당 정부는 조선인들이 중국 땅에서 군사 조직을 세우는 것에 소극적이었다. 일본에게 괜한 빌미를 제공해 마찰을 빚을까 걱정했다. 군대는 고사하고 독립운동 단체를 지원하고 있다는 사실도 쉬쉬하는 분위기였다. 그런 악조건 속에서도 이곳에 모인 조선 청년들은 독립을 열망하며 고된 훈련을 감내했다.

땅과 돈을 빌려주는 중국 정부에게도 명분을 줘야 했다. 중국 국민당 간부가 참석한 집회에서 김원봉은 학생들에게 중한 양 민족이 단결해 일본이 장악한 동북 3성, 만주를 탈환해야 한다고 연설했다. 물론 목표는 조선의 독립이었다. 눈을 반짝이던 학생들은 몇 년이 지나 독립투쟁을 주름잡는 투사로 성장했다. 훗날 연안의 별이 된 작곡가 정율성도 이때 남경을 찾은 어린 학생이었다.

교섭 끝에 조선 청년 83명을 강서성 성자현에 있는 중앙육군군관학교 성자분교에서 훈련하기로 했다. 전문적인 군사 훈련을 받기에 좋은 조건이었다. 이즈음 청년들이 즐겨 부르던 노래는 '추도가'였다. 의열 투쟁의 전선에 먼저 몸을 바친 선배 의열단원들을 추모하는 노래다. 그 노랫밀을 옮긴다.

산에 나는 새 시체 보고 울지 마라

몸은 비록 죽어도 혁명 정신은 살아 있다

만리장성 고독한 몸 부모형제와 헤어져

홀로 서 있는 나무 밑에 힘없이 쓰러지다

우리 사랑하는 조선 혁명 피를 많이 먹을 작정인가

피를 많이 먹으려면 나의 피도 먹으럼

　노랫말은 비장했고 현실은 만만치 않았다. 그러던 사이 남경이 일본군에게 함락되고 본격적인 중일전쟁이 발발했다. 남경은 대학살의 현장이 됐다. 일본군은 진격을 멈추지 않았다. 중국 국민당은 무한武汉, 우한을 거쳐 중경으로 철수했다. 무한이 최전선이자 항일투쟁의 본산이 됐다. 성자분교를 졸업한 조선 청년들과 의열단장 김원봉의 민족혁명당이 무한에서 다시 만났다. 조선의용군의 막이 열렸다.

| 찾아가는 길 |

민족혁명당 본부

주소는 강소성 남경시 화로강 호가화원(江苏省 南京市 花露岗 胡家花园)이다. 시내에 있어 택시나 디디를 타고 우원(愚园)으로 가자고 하면 단박에 알아듣는다. 바이두 맵에 주소를 찍어도 바로 나온다. 대부호의 저택 터답게 박물관처럼 둘러볼 수 있다. 꽤 넓고 안내원까지 배치되어 있다. 당시의 침실, 거실, 주방까지 모두 복원해놔서 관광으로도 들러볼 만하다.

[03]

대륙의 군사
엘리트들과 함께
훈련하다

중앙군관학교 낙양분교 터

●● 낙양洛阳, 뤄양 – 개선서로 18호凱旋西路 18号

　무장 대오를 조직하기 위해서는 체계적인 군사훈련이 필수였다.
하지만 남의 땅에 몸을 의탁한 처지에 쉽지 않은 일이었다. 가문의
전 재산 6백 억을 모두 처분하고 망명길에 오른 우당 이회영 선생
이 세운 신흥무관학교도 채 십 년을 버티지 못했다. 그래도 독립투
사들은 끈질기게 학교를 세우고 조선의 청년들을 모집했다. 일본
과의 전면적인 갈등을 주저하는 중국 정부는 머뭇거렸다. 자금난

46　조선의용군

| 이회영 |
여섯형제와 일가족 전체가
전재산을 팔아 항일 독립운동을
펼쳤다.

으로 문 닫고 일본의 압박으로 문 닫고를 반복해야 했다. 안정적으로 훈련할 수 있는 체계를 갖추는 것이 시급했다.

　기회는 희생과 함께 왔다. 윤봉길 의사가 폭탄을 던졌다. 대륙이 들썩거렸다. 국민당의 일인자 장개석을 만난 김구가 중앙육군군관학교에 한인특별반을 만든다는 협조를 얻어냈다. 낙양에 있어 '낙양분교'라고 불렸다. 김구는 남경에 있는 약산 김원봉을 찾았다. 김구와 김원봉은 결이 다소 달랐다. 김구는 철저한 반공주의자였지만, 김원봉은 좌우를 모두 포괄하려 했다. 그러나 우익은 김원봉이 공산주의자라고 의심했고, 좌익은 김원봉의 사상이 불철저하다며 믿지 못했다. 하지만 힘들게 만든 기회였으므로 김구는 김원봉이 이끄는 청년들의 동참을 원했다. 따로 좌우를 가릴 일이 아니었다.

누가 주도권을 쥘지 따지는 것은 김원봉의 성정에 맞지도 않았다.

김원봉은 조선청년군사간부학교에서 훈련받던 청년 중 스무 명을 선발해 낙양으로 보냈다. 만주 독립군의 전설 지청천 장군이 교관으로 생도들을 훈련했다. 청산리 전투를 비롯해 만주에서 일본군과 실제로 전투를 수행했던 독립군들이 낙양으로 왔다. 행정은 김구의 측근으로 안중근 의사의 동생이었던 안공근이 맡았다. 김원봉도 경영에 참가했다.

중국군은 애초에 조선 청년들도 중국식으로 교육하려 했다. 교육에 필요한 비용을 모두 부담하니 우리식대로 가르치겠다는 것이었다. 하지만 우리의 목표는 어디까지나 조선의 독립이었다. 김구가 끈질기게 교섭했고, 결국 교관과 교육내용 모두 조선 사람이 조선의 실정에 맞게 하는 것으로 결론이 났다. 독립과 민족 교육에 바탕을 둔 정치 교육이 이루어졌다. 동시에 군사학교이니만큼 고강도의 실전 교육이 뒤따랐다. 지금으로 치면 육군 사관학교쯤 된다. 각종 총기류와 폭탄을 다루는 실전부터 특무 공작에 이르기까지 교과도 다양했다. 1935년 4월, 1기생 62명이 배출됐다. 하지만 2기생은 나오지 못했다. 남경의 일본 영사관이 강하게 항의했기 때문이었다. 정식으로 중일전쟁이 발발하기 전이었고, 중국 국민당은 일본과의 전면전을 꺼리고 있었다.

| 중앙군관학교 당시 병영 건물 | 현재는 낡은 아파트에 둘러싸여 있다.

　낙양분교 옛터는 허름하지만 아직 보존되어 있다. 낙양은 중국의 천년 고도다. 삼국지에서 동탁이 낙양을 불태운 후, 장안으로 천도할 때 불길이 몇 날 며칠을 갔다던 고대 중국의 제일 도시였다. 시내 도처에 문화재가 있다. 하지만 현대 도시로의 발전은 더뎌 낙후한 모습이 곳곳에 보인다. 당대의 흔적을 찾아다니는 여행객에겐 오히려 득이다. 오래된 시가지 골목을 다니며 옛 중국을 머릿속으로 그리는 정취가 가능하다.

　먼저 다녀간 한국인들이 남긴 사진의 주소를 보고 찾아가 보니 근처 상점들과 외관이 약간 변했다. 당시 중국 군벌이었던 오패부의 병영이 있던 터로 보존된다고 기록들에 나왔는데, 명패도 없었다. 주변에 주민들이 모여 한담을 나누고 있길래 물어보니 명패는 없어졌지만 맞게 찾아왔다고 한다. 호기심 많은 주민 몇몇이 꼬치꼬치 캐물었다. 짧은 중국말로 사성을 설명하자 자기들끼리 쑥덕

이더니 누군가를 불러왔다. 토요일이어서 이곳을 관리하는 사무실이 문을 닫았는데, 관계자를 불러낸 듯했다. 어딜 가나 동네 아줌마, 할머니들의 도움을 얻으면 일이 수월해진다.

문을 열어주어 들어가 보니 지금은 낡은 아파트에 둘러싸여 옛 건물 두세 채만 남았다. 새로 명패를 달고 설명을 붙여놨다. 이곳의 주인이었던 군벌 오패부에 대한 설명도 있었다. 오패부 사령부 구지舊址, 옛터라는 명패가 뚜렷하다.

오패부 사령부는 대지 300평, 건평 200평의 건물로 현재 역사 유적으로 지정되어 관리되고 있다. 지하에 1킬로미터 떨어진 낙양 비행장과 연결되어 있었다고 하는 벙커가 있다고 한다.

중국과 한국은 항일의 역사를 공유한다. 우리에게 의미가 있는 곳이 중국에게도 의미가 있는 장소와 겹치는 경우가 허다하다. 오패부의 병영도 중국 공산당 '홍군의 아버지'라고 불리는 주덕이 머물렀던 숙소다. 공산당이 오래된 건물을 철거하지 않고 유지하는 이유다. 하지만 중앙군관학교 낙양분교에 대한 설명은 없었다. 공산당의 전과라기보다는 국민당의 것이라 그런가 싶었다. 더구나 조선 독립과 관련한 기념 자료는 전무했다. 새삼 전문가들이 고증해 한인특별반의 명패 하나 다는 노력이 아쉬웠다. 민간이 해야 할 일은 아니다. 공무원이든 외교관이든 그런 일을 하라고 세금을 내는 것이다. 특별한 관리가 되지 않은 터는 비둘기들의 똥으로 어지러웠고, 예전에 학교로 쓰이던 흔적을 찾기는 어려웠다. 낡은 아파트에 둘러싸여 있는데 보존되고 있는 게 용했다.

남아 있는 큰 건물의 벽에 작은 문과 창이 일렬로 따닥따닥 붙어 있었다. 숙소로 쓰기에 적합하다는 생각을 했다. 중국과 한국 양국의 혈기 왕성한 청년 수백이 넘게 모여 군사훈련을 받던 장소이니 지금 남아 있는 터보다 몇십 배로 컸을지 상상이 어려웠다. 아마 연병장도 갖추고 있던 드넓은 학교였을 테다. 게다가 일본과의 전운이 무르익고 있던 시기였다. 황포군관학교의 전통을 이은 낙양 분교의 훈련은 엄했고 실전을 준비하는 분위기가 감돌았을 게다. 독립에 대한 의지로 대륙을 찾은 청년들은 이곳에서 능력을 갖춰 나갔다.

일제는 이들을 극력으로 경계했다. 국사편찬위원회 한국사 데이터베이스에는 낙양군관학교 졸업생들에 대한 검거명령을 담은 서류가 남아 있다. 1936년 경성지방법원 검사의 명령서인데, 1기생 62명의 명단이 실려 있다. 그들은 군관학교를 졸업한 후 모두 독립운동의 최전선으로 돌아갔다. 누구는 중일전쟁에 참전했고, 누구는 국내에 잠입해 공작 임무를 수행했다. 중경의 임시정부로 간 이도 있었다. 니나 할 것 없이 조선 독립을 위한 역할을 수행했다.

무엇보다 이들은 우수한 군사 장교로서 역할을 했다. 강한 군대를 만들기 위해서는 우선하여 역량을 갖춘 장교가 필요하다. 1924년 손문이 황포에서 처음으로 중국 국민당 육군군관학교를 만든 이유도 이와 같다. 황포군관학교의 초대 교장이 장개석이었다. 장개석은 권력을 잡은 후에도 자신을 선생으로 부르는 황포군관학교 출신들을 중용했다. 그는 낙양을 비롯해 성도, 무한, 남창, 곤명, 등지에 분교를 만들었다. 팽덕회, 임표를 비롯한 중국 공산당 최고의 군인들과 호종남처럼 장개석이 가장 아끼던 장군들이 모두 황포군관학교 출신이다. 이런 대륙의 군사 엘리트들과 함께 교육을 받고 인연을 만든다는 것이 또 하나의 소득이었다.

독립 투쟁을 하던 어느 민족도 혹독한 식민통치하에서 우리처럼 질기게 군사 훈련을 지속하기는 어려웠다. 하지만 조선은 달랐다. 나라는 잃었지만, 항일 무장투쟁의 전통은 일관되게 유지됐다. 만주에서, 대륙의 천년고도에서 조선 사람들은 독립운동의 끈을 놓지 않고 다가올 전쟁을 예비하고 있었다. 여러 곳의 군관학교에서 우리 말을 쓰며 훈련받고, 우리의 독립을 준비했다. 때론 실전이 오갔고, 항상 실전을 준비하는 훈련에 매진했다. 그들에게서 훗날의 한국 광복군이 나왔고 대륙을 누빈 조선의용군을 얻었다.

중앙군관학교 낙양분교 터

국외독립운동 유적지 사이트에 나와 있는 주소는 하남성 낙양시 서공구 개선서로 18호(河南省 洛阳市 西工区 凱旋西路 18号)다. 주소지로 찾아가면 약간 혼동이 있다. 바로 뒤편이기는 한데 주택가로 막혀 있어 큰길가의 입구로 들어가는 곳을 찾아 물어물어 한참을 헤맸다. 6층짜리 아파트에 둘러싸인 공터에 단층의 건물 몇이 남아 있다.

[04]

성별, 신분을 넘어
조선의 독립을 위해
뭉치다

조선민족전선연맹 터

● ● 무한武汉, 우한 – 승리가 15호胜利街 15号

호북성 무한은 현대 중국의 출발점이다. 원래 무한은 세 개의 도시다. 한구, 무창, 한양이 각각 저마다 터를 잡고 있다가 합쳐졌다. 그래서 지금도 기차역이 세 개다. 보통 고속철은 새로 전용 역사를 짓기 마련인데, 무한은 무한역과 한구역에 각각 고속철이 선다. 초한지의 항우가 군사를 일으켰던 초나라의 도읍이었고 삼국지의 적벽대전이 있었던 형주도 이곳에 걸친다.

무한은 예로부터 교통의 요지였다. 중국 전역으로 이어지는 강과 도로는 이곳을 사람과 물자가 오가는 북적이는 곳으로 만들었다. 길을 따라 시대를 대표하는 사상들도 활발하게 오갔다. 청나라 말기에는 무한에서 봉기가 일어났다. 신해혁명이다. 시내에 신해혁명 기념관이 있다. 입장료는 없다. 다만, 여권을 보여줘야 한다. 기념관 내부에 들어서면 곳곳에 세상을 바꿔보려던 열기가 담긴 전시물이 여행객을 반긴다. 이후 무한에는 세계 각국의 조계(외국인이 자유로이 통상 거주하며 치외법권을 누릴 수 있도록 설정한 구역)가 설치됐다. 시내에는 아직 그 흔적이 많이 남아 있다. 곳곳에 그 시절 지어졌음을 쉽게 추측할 수 있는 양식의 건축물이 있다. 거리 하나를 아예 복원하려는 듯 공사가 한창인 곳도 있다.

　1937년이 다 가던 11월, 이곳 조계에 한국의 독립투사들이 모였다. 이미 그해 7월 일본군이 노구교를 넘으면서 중국과 일본은 전면전을 시작했다. 상해가 일본의 손에 떨어졌고, 남경에서 30만 명이 죽었다. 군과 양민을 가리지 않은 학살이었다. 중국 국민당은 무한을 거쳐 내륙 깊숙이 중경으로 철수했다. 남경과 상해를 거점으로 활동하던 독립운동가들도 함께 짐을 싸야 했다. 무한이 항일 전쟁의 최전선이 됐다. 국가의 모든 역량을 쏟아부어야 하는 것이 전쟁이다. 독립운동 역시 마찬가지였다. 각각 움직이고 있던 단체들을 통합해 힘을 결집하여 전장으로 나가자는 요구가 안팎에서 불거졌다.

이 시기 중국에는 임시정부 외에도 많은 단체가 있었다. 주은래가 "조선 해방 문제를 토론할 때 피차간에 각자가 자기 의견만 고집한다. 실제의 목표는 조선의 해방이고 독립이다. 차이가 있다면 방법의 문제일뿐이다"며 단결을 충고했다는 말이 있을 정도였다. 이런 점을 들어 독립운동 내부의 파벌과 분열을 언급하며 깎아내리는 이들이 간혹 있다. 하지만 지금처럼 통신수단이 발달한 것도 아니고, 일본 경찰과 밀정들이 도처에 날뛰고 있는 형국이다 보니 흩어져 있는 독립지사들이 맘 편히 모여 회의 한 번 하기 쉽지 않았을 것이다. 독립에 대한 고민에 전력을 다하다 보면 생각이 달라 논쟁하게 되는 것은 당연한 일이다. 그럼에도 전선에서는 뭉쳐야 한다는 점에는 다들 동감했다. 우익은 우익대로 좌익은 좌익대로 활발히 움직였다. 김구를 중심으로 우익이 먼저 한국광복운동단체 연합회를 조직했다. 김원봉도 서둘렀다. 김성숙이 이끌던 조선민족 해방동맹과 유자명의 조선혁명자연맹 등이 합류했다. 조선민족전선연맹은 당시 만주를 제외한 중국의 좌파 독립운동가들이 총결집한 연합체였다.

조선민족전선연맹은 사무소를 최전선인 무한에 뒀다. 일본조계

┃ **승리가 거리 전경** ┃ 쇼핑몰이 밀집해 있고, 신나는 음악소리가 울린다.

813가 15번지였다. 이곳의 옛 주소는 대화가였는데, 독립기념관에서 답사했을 때 지금의 승리가 15호로 추정했다. 승리가는 무한의 번화가인 강한로 옆의 좁은 길이다. 강한로는 우리로 치면 보행전용의 명동 같은 거리다. 쇼핑몰이 밀집해 있고, 거리에는 물건을 파는 가게에서 틀어놓은 신나는 음악 소리가 울린다. 삼삼오오 짝을 지어 쇼핑하는 젊은이들이 많이 보였다. 그런데 승리가 15호를 찾기가 어려웠다. 11호 다음이 바로 16호였다. 11호는 우리식 한자음으로 '양자가혼창다루'라는 건물인데, 결혼 드레스와 관련 용품을 파는 상점들이 들어서 있는 4층 높이의 크지 않은 건물이었

┃승리가 15호┃ 민족전선을 이끈 지도부 대부분이 이곳에 살았다.

다. 관리인에게 물어보니 이곳이 15호라고 했다. 11호부터 15호가
이 건물의 지번이었다. 그러고 보니 건물 양식이 조계 시절의 그것
과 같았다. 혹시나 싶어 건물이 언제 지어졌는지 물어봤는데 알지
못했다. 주변 상점의 노인 몇몇 분께 물었지만 원하는 답을 얻지
못했다. 하지만 주변의 현대식 건물과는 확연히 다른 외관으로 보
아 그 당시 건물이라는 추정이 가능했다.

　민족전선을 이끈 지도부 역시 대부분 이곳에 살았다. 김원봉, 박
차정 부부, 최창익, 허정숙 부부, 김성숙, 두군혜 부부, 유자명, 유충
칙 부부가 모두 이곳에 살았다. 여성들도 독립투쟁에 한몸이었다.

투쟁하다가 만났고, 만났기 때문에 함께 투쟁했다. 김원봉의 부인 박차정은 잘 알려지지는 않았지만, 유관순에 버금가는 여성 독립 운동가였다. 그 자신이 의열단원이기도 했고, 남경에 조선혁명군사 정치간부학교가 만들어졌을 때 교관으로 학생들을 가르쳤다. "조선에서 자란 소년들이여. 가슴이 피 용솟음치는 동포여. 울어도 소용없는 눈물 거두고 결의를 굳게 하여 모두 일어서라. 한을 지우고 성스러운 싸움으로 필승의 의기가 여기에서 뛴다." 전장을 누비는 건장한 남성이 남겼을 법한 이 말의 주인공이 박차정이다.

그녀는 민족전선을 결성하는 데 남편 못지않은 역할을 했다. 무한에서 열린 만국부녀대회에 조선여성을 대표해 참석하기도 했다. 1938년 의열단 기관지인 '조선민족전선'에 여성들도 항일투쟁에 나서야 한다는 글을 썼다. '임철애'라는 가명을 썼는데, 무장하고 궐기할 것을 촉구하는 내용이었다. 글만 쓴 것이 아니고 평생을 전선에서 실천했다. 결국 강소성^{江蘇省, 장쑤성}에서 일본군과 교전 중에 부상을 당했고, 전쟁에서 당한 상처가 덧나 해방을 1년 앞둔 1944년에 병으로 죽었다.

조선의용군의 마지막 분대장으로 알려진 김학철은 박차정을 누나라고 부르며 따랐다. 북을 거쳐 연변에 정착한 그는 해방되고도 수십 년이 지나 한중수교가 이루어진 다음에야 밀양을 찾을 수 있었다. 그는 박차정의 묘를 찾아 "58년 만에 찾아왔다. 동지 중에서 혼자만 살아서 뵈러 왔다"며 통곡했다.

허정숙은 두말이 필요없는 독립투사였고, 김성숙의 부인인 두군혜杜君慧, 두쥔훼이는 중국인임에도 조선의 독립과 항일투쟁에 적극적이었다. 훗날 영원한 중국의 총리로 불리는 주은래가 중매를 섰다. 자신이 조선의 딸로 불리기를 바랐던 두군혜의 글 한 구절이 남아 있다.

"나는 늘 조선 부녀들의 일을 나의 일로 생각하고, 어떻게 하여야 우리 조선 부녀 동포들이 전 민족의 해방을 위하여 공헌할 수 있을 것인가를 늘 생각하고 있다."

두군혜는 해방의 그날까지 임시정부 외무부에서 일했다. 해방 이후, 남편 김성숙은 조선으로 먼저 건너갔고 그것이 그들의 이별이 되었다. 김성숙은 이승만에 반대하다가 고초를 겪었고, 박정희가 군사 쿠데타를 일으킨 후 수감 생활을 했다. 말년에는 천식으로 고생하다가 쓸쓸히 죽었다.

한국전쟁을 치른 후, 남한과 대륙은 쳐다볼 수도 없는 적국이 됐다. 그 탓에 두군혜는 아들들의 성을 두씨로 바꾸고 홀로 키웠다.

평생 남편을 그리워하던 그녀는 1981년 중국에서 세상을 떠났다. 지금은 번화가 뒤편의 허름한 골목에 자리 잡은 2층짜리 상가에는 혁명과 전쟁의 격변기를 온몸으로 받아낸 이들의 이런 드라마가 숨어 있다. 지나가는 행인과 근처에서 한가로이 소일하는 주민들은 알 길이 없다. 이역만리에 자리 잡고 있어 그들이 투신하고 이뤄낸 독립된 조국의 후손들이 한번 찾아와보기도 쉽지가 않다.

일본의 진격은 예상보다 빨랐다. 만주와 중국 북부를 석권하던 기세 그대로였다. 무한에 공습이 시작되고 여기저기 폭탄이 떨어지기 시작했다. 투항을 권유하는 삐라가 뿌려지기 시작했다. 그래도 멈출 수가 없는 여정이었다. 중국인들에게는 이제 막 시작된 전쟁이었지만, 조선인들은 몇십 년째 인생 전부를 걸고 싸우고 있는 전쟁이었다. 무한이 함락되기 전까지 이곳에서 이들은 밤낮이 모자를 정도로 조선의 독립을 도모하는 전략과 전술을 짜냈다. 답은 하나였다. 자체 무장력이었다. 군대의 창설과 계획을 실천에 옮기는 일만이 남았다.

| 찾아가는 길 |
조선민족전선연맹 터

주소는 호북성 무한시 승리가 15호(湖北省 武汉市 胜利街 15号)다. 바이두 맵에 승리가 15호를 검색하면 나온다. 일방통행의 좁은 길이다. 15호는 없고 11호 건물을 찾으면 된다. 결혼용품을 파는 전문 상점들이 밀집해 있는 건물이고, 거리가 대체로 그런 소소한 상품을 파는 분위기다. 11호 건물 옆의 작은 골목도 전체가 드레스 상점들이다. 무한에 들른 김에 시간이 된다면 신해혁명 기념관을 찾아볼 만하다. 청나라의 무능과 밀려드는 제국주의 외세의 침탈에 분노한 최초의 봉기를 기념해 무한에 지어졌다. 여권만 휴대하면 무료로 관람할 수 있다. 혁명의 분위기가 끓어오르던 당시의 사회 분위기를 느낄 수 있는 자료들이 가득하다.

[05]

마침내,
조선의용군의 시작

조선의용군 창립대회 터

●● 무한武汉, 우한 – 호북성총공회湖北省总工会, 후베이성종꽁회이

중앙육군군관학교 성자분교에서 훈련을 마친 조선 청년들이 무한으로 합류했다. 중일전쟁이 터지자 중국 국민당은 성자분교에 예비역 장교 3천여 명을 모아 재교육을 시행했다. 항일 역량의 증가가 목적이었다. 김원봉이 중국 당국과 협상해 이곳에서 조선 청년들을 함께 교육했다. 특별훈련반에서 6개월간 훈련을 받고, 1938년 6월 무한으로 합류할 당시 83명 전원이 무장한 상태였다. 이들은 전선에 뛰어들고 싶은 혈기로 펄펄 끓었다. 당장 만주로 가

겠다며 대오에서 이탈할 정도였다. 민족전선은 중국 국민당 군사위원회에 무장부대 건설을 정식으로 건의했다. 그리고 부대의 이름을 '조선의용군'으로 정했다.

전시이다 보니 장개석의 결재가 났다. 한중 두 민족이 연합해 항일 전쟁을 수행한다는 명분에 중국도 더 이상 미룰 수가 없었다. 하지만 장개석은 치밀했다. 이들을 자신의 통제에 묶어두고 싶어했다. 몇 가지 조건을 달았다. 부대의 명칭도 군대라는 이름을 쓰지 말 것을 요구했다. 독립된 군사조직보다는 중국군의 지휘를 받는 무장 선전대로 역할을 정했다. 국민당 정치부는 구체적인 몇 가지 지침을 제시했다. 의용대라는 명칭을 사용할 것, 각 분대장을 선정

┃장개석┃
중화민국 총통을 역임한
중국의 정치가

한 후 명단을 작성하여 보고할 것, 중국 측 정치부 요원들이 참여하는 지도위원회를 조직할 것 등이었다.

의용군이라는 이름을 원했던 김원봉 등이 격렬히 반발했다. 하지만 현실은 인정해야 했다. 중국 땅이었고 중국군과의 협조는 중요했다. 먹는 것, 입는 것, 자는 것을 모두 의지해야 하는 처지였다. 남의 나라 땅에서 무장 대오를 갖춘다는 것은 지금의 국제 정치를 생각해봐도 얼마나 어려운 일인지 쉽게 알 수 있다. 그렇다 보니 의용대라는 이름을 받아들였다. 하지만 의용대이건 의용군이건 정식 편제와 무장을 갖춘 군사 조직이라는 점은 변하지 않았다. 부대의 이름이나 책임자의 명칭은 문제가 되지 않았다. 군관학교에서 교육을 받았고 전원이 무장했다. 실전 경험이 있는 대원들도 있었다. 실로 오랜만에 보는 군부대였다. 조선이라는 이름을 전면에 내건 무장 대오였다. 이름 그대로 조선 독립군이 부활했다.

민족전선은 조선의용대 창립대회를 열었다. 1938년 10월 10일이었다. 장소는 대공중학교 강당으로 알려져 있다. 그러나 독립기념관의 현지 고증 때, 이미 학교는 없었다. 주소지에는 현재 호북성 총공회湖北省总工会, 후베이성종꽁회이가 들어서 있다. 현지 노인들이 중학교가 폐교된 이후 부지를 수용해 총공회(노동조합)로 쓴다고 증언했다. 기록된 주소지로 가보니 총공회에서 운영하는 여행사 건물이었다. 들어가 물어보니 234호가 여행사 뒤편 총공회 부지 전체의 주소라고 한다.

나와서 조금 돌아가니 총공회 정문 입구가 보였다. 건물은 고풍스러운 당시 건축양식이었다. 건물 앞마당에 신해혁명 당시 봉기했던 부대의 옛터임을 기념하는 탑과 비석이 서 있었다. 신해혁명의 도시답다. 현대 중국의 시작을 알린 혁명의 기운으로 덮인 이곳에서 이십여 년 후 조선의용군의 창립대회가 열렸다는 사실이 묘하다.

당시는 제2차 국공합작으로 중국 공산당 지도부 다수가 무한에 들어와 있었다. 의용군 창설대회에도 국민당과 공산당 간부들이 함께 모였다. 국민당 정치부 부장 진성과 비서장 하충한이 참석했다. 정치부 부부장 주은래와 정치부 제3청장 곽말약은 공산당 간부로 참석해 연설했다. 주은래는 훗날 국무원 총리로 모택동에 이은 대륙의 이인자가 됐다. 곽말약은 공산당이 대륙을 장악한 후 중국과학원 원장을 지낸 대학자였다. 주은래가 '동방 피압박민족과 해방투쟁'이라는 제목으로 연설했을 때, 김원봉도 피를 토하는 열변을 쏟아냈다. 일본 경찰 수십 명과 총격전을 마다치 않으며 폭탄을 내던진 의열단원들의 얼굴을 떠올리지 않았을까 싶다. 먼저 간 동지들의 희생을 딛고 김원봉의 꿈이 군사 대오로 진화했다. 이때

| **호북성총공회** | 조선의용군의 창립대회가 열린 곳

대원들 한 명 한 명에게 배지를 달아 줬는데, 당시의 사진이 남아 있다. 요리스 이벤스Joris Ivens라는 네덜란드의 영화감독이 창설대회를 마친 의용군의 기념사진을 찍어줬다. 조선의용대를 한글로 풀어쓴 'ㅈㅗㅅㅓㄴㅇㅣㅇㅛㅇㄷㅐ'와 'KOREAN VOLUNTEERS'라고 적혀 있는 조선의용대 깃발이 사진에 선명하다. 깃발 중앙에 군복을 입고 있는 다부진 표정의 인물이 약산 김원봉이다. 김원봉 왼쪽으로 두 번째 모자를 쓰지 않은 이가 김원봉의 평생 동지이자 4년후 태항산에서 일본군과 전투 중에 전사하는 석정 윤세주다. 대한민국 독립운동사에 손꼽을 만한 사신이다.

┃조선의용군 창립대회 기념사진 ┃ 깃발 중앙에 군복을 입고 있는 인물이 약산 김원봉, 왼쪽으로 두 번째 모자를 쓰지 않은 이가 석정 윤세주다.

창립대회를 마친 조선의용군은 10월 14일 창립 경축행사를 진행했다. 한구 기독교청년회관YMCA 강당에서 열렸다. '민족해방가', '자유의 빛', '아리랑을 비롯한 노래와 쇠'를 열창하고 '두만강변'이라는 연극을 공연했다. 중국 신문이었던 신화일보가 상세히 보도했다. 1938년 10월 14일자 신문에 조선의용대 성립 소식 및 김원봉의 연설과 경축 행사에서 공연한 내용이 자세히 나와 있다. 장소가 당시 2층에 대연회장이라고 돼 있다.

김원봉은 이곳에서도 사자후를 토해냈다. "우리들의 역량이 적

KOREAN VOLUNTEERS

다고 깔보아서는 안 될 것입니다. 조선의 3천만 민중은 모두 우리
의 역량입니다. 아니 전 중국의 4억 5천만 동포들이 모두 우리의
역량입니다." 7백여 명의 관중이 꽉 들어찬 무대 위로는 '중조 두
민족은 연합하여 일본 제국주의를 타도하자'와 같은 플래카드가
펄럭였다. 김원봉은 최고의 현상금이 걸려 있고, 일제가 항상 죽음
의 문턱에 올려놓고 쫓고 있는 인물이었다. 청년들은 존경과 경외
의 눈빛으로 그의 한 마디 한 마디를 가슴에 담았다.

　언설이 끝나고 조선의용군 대원들이 '민족해방기', '자유는 빛난다', '아리랑' 등을 합창했다. 그리고 만주 항일 독립투쟁을 극화한 '두만강변'을 공연했다. '두만강변'은 백두산을 배경으로 활약하던 독립군 유격대와 토벌하려는 일본군의 전투를 그린 연극이다. 중간중간 의용군 대원들이 나와 노래를 불렀는데, 가사를 알아듣지 못하는 중국인들도 비장하고 격조 있는 선율에 감동하며 빠져들었다고 한다. 신화일보에 경축 행사는 끝났지만 '중조 두 민족은 단결하자', '동방 피압박민족 해방 만세'라는 구호 소리가 하늘 높이 끊이지 않았다는 기록이 있다.

이 건물은 얼마 후 무한이 함락되면서 일본군의 폭격으로 무너져 내렸다. 지금은 옛 흔적을 찾아볼 수 없다. 그 자리에는 이제 '명패세계'라는 상가건물이 들어서 있다. YMCA 건물이 있던 자리 앞 거리는 려황피로黎黃陂路, 리황피루라는 옛 조계 터다. 내가 찾았을 때는 거리 전체를 복원하는 공사로 몹시 혼잡했다. 려황피로 표지 기념비가 상가 건물 바로 앞에 있었다. 복원 대상에 상가 건물도 포함되었는지 궁금했다. 기념비의 지도에는 당시 건물들의 옛터를 하나하나 표시해놨다.

무한은 조계 덕분에 당시 '동방의 마드리드'라고 불렸다. 이 거리 전체가 당시의 유적이다. 미국해군청년회 옛터, 순풍양행 옛터, 중국기독교신의대루 옛터 등이 새겨져 있다. 조계는 외국의 특권이

①옛 YMCA 터, ②려황피로 표지, ③려황피로 거리 전경

통용되는 지역이었다. 일종의 치외법권 지역인데, 그렇다 보니 우리 독립투사들이 일제의 감시를 피해 활동하기에 용이했다. 그 지도에 '조선의용군 창립'이라는 글자가 없는 것이 아쉬웠다. 2018년은 조선의용군 창립 80주년이다. 대한민국이 작은 명패 하나 걸어줄 능력이 없는 것은 아닐 테다. 80여 년을 역사에 묻었으면 이제는 꺼내어 먼지를 털고 세상 빛을 보게 할 때가 됐다.

조선의용군은 남의 땅에서 이뤄낸 군대였다. 대장은 의열단장 약산 김원봉, 43명으로 구성된 제1구대 구대장은 박효삼, 41명으로 구성된 제2구대 구대장은 이익성이었다. 본부 인원까지 합친 전체 부대원은 97명이었다. 김원봉과 함께 의열단을 결성했던 석정 윤세주, 김원봉의 호소에 대륙을 가로질러 의용군에 합류한 열혈 청년 김학철 등 내로라하는 항일의 불꽃들이 의용군 군복을 입고 함께 사진을 찍었다. 누가 등 떠밀거나 저절로 하늘에서 떨어진 성과가 아니었다.

몇 년 후 호가장 전투에서 부상을 입고 일제에게 체포되어 평생을 외발로 산 김학철이 죽기 전 남긴 말이 있다. "편안하게 살려거든 불의를 외면하라. 그러나 사람답게 살려거든 그에 도전하라." 말이 쉬워 독립운동이지 그야말로 대륙에서 편하게 등 대고 누울 시간도 없이 쫓기고 뛰어다니며 쟁취한 군사 대오였다. 밥 한 끼 편하고 배부르게 먹은 날을 손으로 꼽을 만한 세월이 망국의 시간과 겹쳤다. 조선에서 만주로, 만주에서 대륙으로 얼마를 걸었는지 기억도 나지 않는 시간이었다. 그리고 드디어 군복을 입고 편제와 무장을 갖추는 데 성공했다. 독립에의 꿈이 조금 더 무르익어 갔다.

조선의용군 창립대회 터

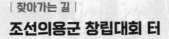

창립대회가 열렸던 대공중학교 자리에 지금은 호북성총공회 건물
이 있다. 주소는 호북성 무한시 무창구 자양로 234호(湖北省 武汉市
武昌区 紫阳路 234号)이고, 지하철 수의로역 바로 옆이다. 경축행사가
열렸던 기독교회관은 민족전선이 터를 잡았던 승리가에서 가깝다.
1킬로미터가 조금 넘는데, 걸어서 10분 남짓이면 갈 수 있다. 주소
는 호북성 무한시 여황피로 중산대도 1090호(湖北省 武汉市 黎黄坡路
中山大道1090号)다. 무한에는 우리 총영사관이 있다. 기념과 관리가
어려운 일은 아니다.

[06]

항일 정신을
일깨우는
선전대로서 활약하다

계림 조선의용군 본부 터

● ● 계림桂林, 꾸이린 − 칠성공원七星公园, 치싱꽁위엔

조선의용군이 창설된 지 보름 만에 중국 국민당의 무한 방어선이 무너졌다. 무한에 일본군의 폭탄이 떨어지자, 중국 국민당 정부는 중경으로, 중국 군사위원회와 중앙군관학교는 계림桂林, 꾸이린으로 옮겼다. 조선의용군의 총대장 김원봉도 의용군 본부를 급하게 계림으로 이전했다. 본부를 제외한 대원들은 중국 국민당과 공산당의 각 전투 지역으로 흩어졌다. 6개 전투지역, 13개 성으로 넓게

산개했다.

하지만 무작정 철수한 것은 아니었다. 무한이 일본군에게 공격받자 전투가 벌어졌다. 당시 무한에 있던 김학철은 이때 조선의용군이 함께 싸웠다고 생전에 증언했다. 일본군의 화력은 막강했다. 전투기가 피난민을 향해 마구잡이로 총알을 뿌렸다. 전차가 턱밑까지 추격해왔다. "우리는 이쪽 언덕 위에 박격포와 대전차포를 걸어놓고 포격했습니다. 우리는 이것으로 일본 전차를 격파하였습니다. 조선의용군이 어찌 잘 싸웠겠는가? 중국 사람들은 우리가 조선 민족을 대표한 것으로 간주합니다. 비겁하게 놀 수가 없습니다. 민족의 체면이라는 것이 있기 때문입니다." 전투를 마친 조선의용군이 구호를 외치면 무한 시민들이 박수를 치며 뜨겁게 응원했다.

조선의용군은 계림에서 시내 동녕가 1호에 본부를 뒀다. 하지만 일제의 폭격이 계림을 비켜가지는 않았다. 일본군 전투기의 공습을 피해 다시 시가원으로 본부를 옮겨야 했다. 장개석도 쫓겨 다니는 마당이다 보니 이삿짐 싸는 것을 불평할 처지가 못됐다. 1940년에 본부를 중국 국민당과 임시정부가 있는 중경으로 이동하기까지 계림이 조선의용군의 총본부 역할을 했다.

계림을 찾은 것은 겨울의 끝자락에서였다. 비행기가 고도를 낮추자 끝을 알 수 없는 논과 밭이 펼쳐졌다. 남방의 풍요는 구름 위에서 보아도 알 수 있었다. 공항 밖으로 나오자 성급한 반팔이 눈에 띄었다. 좀 이른 감이 있긴 했지만, 가로수가 야자수였다. 같은 2월인데, 떠나올 때의 북경과는 다른 기후였다. 역시 땅덩이가 큰 나라다. 그 큰 땅덩이를 일본군이 기세를 올리며 먹어치웠다. 악은 치밀하고 막강한 법이다. 도시와 도시를 선으로 이어가며 진격해오는 일본 황군의 무력 앞에 국민당의 군대는 무력했다.

계림은 중국의 남쪽 끝자락이다. 그때나 지금이나 천하제일이라는 기암괴석이 얽혀 있는 산수로 유명하다. 문인과 화가들은 시와 그림으로 계림을 칭송했다. '계림의 산수가 천하제일이다'라는 글귀가 돌고 돌았다. 계림을 가로지르는 도화강은 지금 중국의 20위 안 지폐 도안에 쓰일 정도로 빼어난 풍광을 자랑한다. 공항에서 시내로 들어오는 길도 눈이 호강이라고 할 만큼 빼어난 풍광의 연속이었다. 수묵화가 따로 없었다. 산속을 구불구불하게 파고든 종유석 동굴을 보기 위해 한국 사람들도 이곳을 많이 찾는다. 이곳은 소수민족의 땅이기도 하다. 지금도 행정구역은 광시장족자치구다. 소수 민족이 3할 정도 된다. 특히 장족壯族, 좡족이 많다. 이 낯설고 이국적인 땅에도 조선의용군의 흔적이 있다는 것이 그들이 겪은 험난한 여정을 말해준다.

잠시 머물렀기 때문일까, 동녕가 1호와 시가원 모두에서 의용군

| **칠성공원 내부 전경** | 조선의용군의 본부가 있었던 동녕가 1호 자리는 공원으로 조성됐다.

의 흔적은 찾을 수 없었다. 동녕가 1호가 있던 자리는 공원으로 조성됐다. 칠성공원七星公園, 치싱꿍위엔이다. 계림시 동쪽에 있는 칠성암 부근의 민가 두 채를 빌려 조선의용군 본부를 차리고 활동했다고 한다. 김원봉, 류자명, 윤세주 등이 함께 거주했다. 계림에서 찍은 의용군의 단체사진이 한 장 남아 있다. 본부와 1지대 대원들이다. 대략 60여 명쯤 된다.

칠성암은 계림의 손꼽히는 관광명소다. 기기묘묘한 바위산을 배경으로 칠성암이라고 쓰인 암자와 큰 사찰, 동물원, 아이들이 뛰어놀기 좋은 너른 광장을 끼고 노는 하천까지 모두 갖추고 있다. 괜

│ 칠성공원 내 열사기념탑 │ 열사 기념탑 속 소녀가 들고 있는 책에 '일본제국주의에 맞서 싸운다'는 글귀가 선명하다.

광지이기 때문에 입장료가 있다. 1인당 70위안이다. 천천히 둘러 보면 1시간 이상 소요될 정도로 넓다. 온 김에 보고 가려고 표를 샀다. 암자를 지나니 열사 기념탑이 보였다. 글귀는 없고 하단의 네 면 모두가 항일 전쟁에 뛰어든 군인, 학생, 지식인들을 새겨놓은 부조였다. 소녀가 들고 있는 책에 '일본제국주의에 맞서 싸운다'라는 중국어 글귀가 새겨 있었다. 열사 기념탑 앞 나무 밑동에는 그림을 그려놨다. 총을 든 군인을 비롯해 싸우러 나가는 사람들 그림이다. 기념탑 앞이 암자였는데, 방향을 돌려서 보면 나무의 군인 그림과

▍시가원 거리 전경 ▍ 이미 여러 번 개발돼 당시의 흔적을 찾아보기 힘들다.

암자가 겹쳐 보였다. 어울려 보이지는 않았다.

　두 번째 본부가 있었다는 시가원은 그저 평범한 동네일뿐이었다. 시가원로라는 도로 양옆으로 상점과 주택이 쭉 늘어서 있었다. 낡은 아파트 베란다에는 볕 좋을 때 말리는 빨래가 드문드문 보였다. 특유의 남방 말투나 허름한 아파트에 걸린 형형색색의 속옷이 꼭 영화에서 본 홍콩의 뒷거리 같았다. 문헌에는 시가원 53호로 나오지만 이미 개발이 됐어도 열 번쯤 거듭했을 시간이 지났다. 칠이 벗겨진 아파트 관리인에게 혹시 항일 전쟁 시기에 지어진 건물이냐고 물어보자 어처구니없다는 듯 웃는다. 이 근처가 모두 1990년대에 개발된 곳이라고 했다. 뭘 그런 걸 물어보느냐는 표정을 뒤로 하고 등을 돌렸다.

조선의용군은 계림에서 선전대로서의 역할을 충실히 했다. 연극을 만들어 공연도 하고 자체 기관지인 조선의용대 통신도 발간했다. 중국의 저명한 낭만주의 시인이자, 항일신문인 구망일보를 창간했던 곽말약은 조선의용군의 활약을 신문에 소개했다. 그도 계림으로 짐을 싸서 들어와 있었다. 의용군은 구망일보를 판매하기도 했다. 파업 투쟁 현장이나 노동자 집회 현장에 가보면 각종 단체에서 본인들의 의견을 담은 신문이나 소책자를 만들어 참가자들에게 파는 장면을 종종 볼 수 있다. 파는 사람이나 사는 사람들 모두의 의식을 깨게 하는 조직 활동의 일환이다. 일본에 맞서 싸우자는 선전으로 가득한 중국 신문을 판매하며 의용군은 한중이 공동으로 항일투쟁을 한다는 명분과 중국 인사들의 후원도 덤으로 챙길 수 있었다.

의용군이 계림에 머문 시기는 길지 않았다. 계림이 전쟁을 피해 피난 온 중국의 지성들이 집결한 항일 문화 수도로서의 역할을 하긴 했지만, 대륙에서 보면 서남쪽 저 멀리 있었다. 항일의 거점은 중경이었다. 중경에서 밀리면 티베트 고원이었다. 이제는 국민당의 결기도 만만치 않았다. 전선은 화북 전역에 있었다. 일본은 도시와 도시를 점과 선으로 이어가며 밀고 들어왔지만, 대륙은 그 선을 면으로 감싸며 일본군을 괴롭혔다. 일본 황군이 힘에 부치는 기미가 종종 보였다. 전선은 계속 확대되어갔다. 계림은 총을 들기에 적당한 도시는 아니었다. 의용군 청년들의 혈기를 담을 만한 지역도 아니었다. 내부에서 점차 전선으로 가자는 의견이 나오기 시작했다. 제어할 수 없을 만큼 목소리가 커졌다. 의용군은 얼마 지나지 않아 본부를 전시 수도인 중경으로 옮겼다. 하지만 대원들은 거기에 만족하지 않았다. 최전선지 화북이 그들을 부르고 있었다.

계림 조선의용군 본부 터

주소는 광서장족자치주 계림시 자유로 칠성공원(广西壮族自治区 桂
林市 自由路 七星公园)이다. 칠성공원이라는 이름을 가진 작은 공원은
동네 곳곳에 있다. 시가원로에도 칠성공원이 있다. 바이두에 검색
해보면 계림이공대학 교정 안에 계림 칠성공원이 검색된다. 실제
로 가봤는데, 잘못된 표시였다. 택시 기사나 주민들에게 칠성공원
을 물으면 모두 치싱징취(七星景区)를 알려준다. 징취(景区)는 관광
지라는 뜻이다. 우리식 한자음으로 읽으니 국가중점풍경명승구로
지정된 곳이다. 4계절 모두 꽃이 피는 곳으로 유명한 공원이라고
안내한다. 입장료 파는 곳 바로 옆에서 웬 아주머니가 호객행위를
하며 5위안 싸게 입장료를 팔고 있었다. 제지하지 않는 것이 이상
했다. 시가원은 마을 이름이다. 동네를 관통하는 왕복 2차선의 1킬
로미터가 채 안 되어 보이는 길을 시가원로라고 한다.

조선의용대
통신을 발행하다

조선의용대 통신 간행물

● ● 계림桂林, 꾸이린 − 신지서점新知书店, 신즈슈디엔

이국적인 이 땅, 계림으로 전쟁을 피해 사람들이 몰려들었다. 조
선의용군도 그들 중 일부였다. 이곳에 일찍 터를 잡고 독립운동을
하던 유흥식 같은 이들의 흔적이 계림 옆의 유주라는 도시에 많이
남아 있다. 유흥식은 본명보다는 의열단의 핵심 참모인 유자명으
로 더 잘 알려진 인물이다. 유자명은 표면에 모습을 드러내지 않았
지만, 배후의 설계자로서 역할 했다. 일제는 머리 역할을 하는 그를

| 유자명 |
독립운동가이자 농학자.
김원봉의 비밀참모로
국내외의 친일파 제거에
앞장섰다.

잡기 위해 애를 썼지만, 그는 남방에서 태연히 농장을 가꾸며 그들의 눈을 피했다. 유자명은 끝내 조국 땅을 제대로 밟지 못했다. 여차여차 귀국을 미루다가 뒤늦게 귀향길에 올랐을 때 조국은 이미 전쟁터였다. 옛 동지들이 남과 북으로 나뉘어 서로에게 총구를 겨누고 있었다. 유자명은 다시 중국으로 돌아가 후난성의 한 대학에서 교수로 여생을 보냈다. 일본군이 몰려오던 그때도 논과 밭을 일궜던 그다. 대학에서 가르치며 농학박사 학위를 받았고, 윈난성 고원지대에서 벼를 재배하는 데도 성공했다. 말년에 후난농업대학 원예학과 주임을 했다. 의열단의 책사였던 그는 그렇게 생을 마감했다.

그러나 유자명의 진짜 능력은 따로 있었다. 그는 조직을 만들고 선전하는 데 매우 능했다. 1927년에 김규식과 동방피압박민족연합회를 조직해서 기관지 '동방민족'을 발행한 경험이 있었다. 안으로 조직을 단단히 하고, 밖으로 조직이 건재하다는 것을 알리기 위한 수단으로 기관지는 꼭 필요했다. 조선의용군도 유자명 등 8인이 참가한 편집위원회가 주축이 되어 조선의용대 통신을 발간했다. 1호부터 28호까지는 열흘에 한 번, 28호부터는 보름에 한 번 찍었다. 조선의용대 통신은 중국어 판본으로 발간되었으며 1939년 1월 창간호부터 33호까지는 계림에서 발행되었다. 34호부터는 중

┃ **계림시 해방서로 16호** ┃ 신지서점이 있던 자리로 알려져 있다.

경으로 옮겨 '조선의용대'라는 제호로 간행했다. 창간호와 2호는 현재 찾을 길이 없다. 3호부터 8호가 남아 있는데, 계림시 계서로 신지서점新知书店, 신직슈디엔이라는 주소가 나와 있다.

신지서점이 있던 자리는 계림시 해방서로 16호로 고증되어 있다. 중국의 지방도시에는 중산로, 해방로 같은 지명이 많다. 중산中山은 삼민주의를 제창한 현대 중국의 아버지 손문의 호다. 계림의 해방로는 중산로 바로 옆에 쭉 뻗어 있고, 지금은 계림의 번화가다. 해방서로 16호를 어렵지 않게 찾았지만, 옛 모습을 기대하는 것은 무리였다. 시의 중심가로 개발된 그곳에는 해방서로 16호라는 지번이 붙어 있는 현대식 빌딩만이 있을 뿐이었다.

조금이라도 흔적이 있을까 싶어 주변을 훑었다. 해방서로 16호 건물 옆은 재래시장이었다. 바나나, 망고 같은 열대과일을 잔뜩 쌓아놓고 흥정하는 소리가 요란했다. 오토바이와 자전거가 복잡하게 뒤엉킨 재래시장을 지나니 시장 입구 옆이 검게 그을린 간판이 눈에 들어왔다. 계림시 배지 학교라는 간판 밑에 철문이 있었는데, 오래되어 보였다. 배지培智는 '지식을 배양한다'는 뜻이다. 간판 위의 지붕도 너와집 기와와 닮은 모양이었는데, 바로 옆의 현대식 건물들 사이에서 특이하게 예스러웠다. 하지만 언제 지어진 건물인지 아는 이가 없었다. 문은 굳게 닫혀 있었고, 주변의 사람들에게 물어봤지만 이상한 것을 묻는다는 표정으로 모른다는 답만 돌아왔다.

이미 70여 년도 더 지난 흔적을 지금 찾는 것은 무리였나 싶어 버스를 타려고 정류장으로 향했다. 그런데 정류장 옆에 지우旧 자가 적힌 기념비 하나가 눈에 들어왔다. 답사를 다니다 보면 가장 반가운 한자가 지우, 옛 구 자다. 예전에 뭐가 있던 곳이라는 작은 비석 하나를 찾기 위해 몇 시간이나 같은 곳을 빙빙 돌았는데 반가웠다. 해방서로 버스정류장 뒤 오토바이와 자전거를 복잡

┃**문화서점가 옛터 기념비** ┃ 비석 뒷면에는 여러 권의 책 위로 종이 뭉치를 들고 있는 청년의 모습이 새겨져 있다.

하게 세워둔 곳에 있는 기념비였다. 그냥 지나치기 쉬워 보였다.

비석 뒷면에는 쌓여 있는 여러 권의 책 위로 종이 뭉치를 들고 있는 청년의 모습이 목판화에서 많이 본 모양으로 새겨져 있었다. 인쇄공 같아 보였다. 그 옆면으로 문화서점가 옛터라는 설명이 쓰여 있다. 항일 전쟁 시기에 이곳으로 중국 전역의 지성들이 모여들었다는 내용이었다. 서점이 179곳, 인쇄소 109곳이 이 거리에 있었기 때문에 문화서점가였다. 동북과 화북을 석권한 일본군이 쳐들어오자 대륙에서 일제의 손아귀에 들어가지 않은 곳은 남방의 끝자락인 이곳과 중경을 거점으로 삼은 서부 일부 지역뿐이었다. 계림은 그때 중국의 정신을 지키는 역할을 했다.

조선의용대 통신을 발행하던 신지서점도 그중 하나였음이 분명하다. 의용군은 주로 정세분석을 통신에 실었다. 중국 내 전쟁 상황, 국내외 정세분석, 전선에서 싸우고 있는 동료에 대한 격려가 주내용이었다. 조선의용대 활동을 격려하는 중국인들의 글도 많았다. 한중연합을 과시하고 조선의용군의 위상을 높이기 위한 목표도 있었다.

통신에는 목판화가 꾸준히 게재되었다. 목판화는 특유의 강렬한 인상을 갖고 있다. 강하고 선명한 목각은 보는 이들에게 항일의 의지를 끓어오르게 하는 역할을 하기에 충분했다. 계림으로 피난을

┃ 조선의용대 통신 간행물 ┃
정기적으로 발간한 통신 덕분에
구전으로 흩어져 버릴 뻔했던
의용군이 역사에 남을 수 있었다.

온 중국 화가들의 목판화도 많이 실렸다. 이 시기 통신에 실린 조선의용대의 활동 기록 덕분에 훗날 후학들이 의용군의 자취를 더듬을 수 있었다.

조선의용대 통신에는 의용군의 활동에 관한 구체적인 수치들이 적시되어 있다. 이 시기 의용군은 전선의 일본군에게 선전 전단을 뿌리고 포로 심문, 문서 번역, 시설 파괴 등의 활동을 주로 했다. 통신에 이러한 기록이 숫자로 담겨 있다. 책자 5만 권을 제작해 배포했고, 일본군 122명을 심문했다. 표어 40만 장을 배포했고, 적의 통행증 만 장을 위조했다. 일본군 문건 95만 자도 번역했다. 공격이나 매복 같은 전투에 34차례 참가했다. 최전방에서 활동하던 1구대부터 계림으로 옮긴 의용군 본부의 활동까지 잘 정리해서 정기적으로 발간한 통신 덕분에 구전으로 흩어져 버릴 뻔했던 의용군이 역사에 남을 수 있었다.

계림에서 조선의용군은 다양한 활동을 했다. '국제반침략대회 중국분회 계림지부' 건립에 나서기도 했다. 중국 민중들에 대한 선전도 게을리하지 않았다. 중국인이든 조선인이든 항일에 나서게 하는 것이 목적이었다. 동시에 중경으로 의용군 본부를 옮길 준비도 했다. 여하튼 전시의 수도인 중경으로 가야 했다. 장개석도 중경에 있었다. 윤세주를 비롯한 일부 대원들이 선발대로 중경으로 향했다. 1939년 말, 김원봉과 유자명은 계림에 통신처만 남겨두고 중경으로 본부를 옮긴다.

조선의용대 통신을 발간한 신지서점

계림 시내는 그리 넓은 편이 아니다. 시내라면 어디서 택시를 타든 20위안 안팎에 다닐 수 있다. 해방서로는 중심가로 손쉽게 갈 수 있다. 주소는 광서장족자치구 계림시 해방서로 16호(广西壮族自治区 桂林市 解放西路 16号)다. 바이두 맵에 입력하면 바로 16호로 찾아갈 수 있다. 1층의 계림 은행인 건물이 들어서 있다. 그 앞 버스정류장 옆에 문화서점가 옛터라는 기념비가 있다.

[08]

조선의용군의
미래를 결정할
기로에 서다

김원봉 거주지, 중경 조선의용군 본부

● ● 중경重庆, 충칭 – 대불단정가大佛段正街, 따포어딴쩡지에, 묘배타苗
背沱, 미아오뻬이퉈

　　1939년 말, 김원봉은 중경重庆, 충칭으로 조선의용군 본부를 옮긴
다. 당연한 선택이었다. 중경은 중국의 전시수도였다. 장개석도 더
이상 물러날 곳이 없었다. 중경에서 무너지면 사천四川, 쓰촨을 넘어
해발 4천 미터가 넘는 티베트 고원이었다. 중국은 이곳을 거점으로
끈질기게 버텼다. 동북을 석권한 일본 황군의 손에 상해, 남경, 무

한, 광주, 홍콩까지 차례로 떨어졌지만, 중경은 버티고 또 버텼다. 북경을 손에 넣은 일본을 상대로 화북에서는 모택동의 공산당이 끈질기게 저항했다.

황하 이북은 전쟁터가 아닌 곳이 없었다. 모택동의 팔로군(중국 국민혁명군으로 중국 공산당 휘하 독립적 성향을 가진 부대)이 넓게 퍼져 여기저기서 일본군을 지치게 했다. 일본은 서둘러 전쟁을 끝내고 싶어 했다. 동남아로, 태평양으로, 갈 곳이 많은 그들이었다. 중국은 이런 일본의 심중을 잘 알고 있었다. 그래서 선택한 곳이 중경이었을지도 모른다. 사천과 장강은 이미 유비가 촉을 세울 때부터 험준한 땅과 물길로 유명했다. 들어오는 길은 좁고 드넓은 강의 물살은 거셌다. 일본은 공습을 선택했다. 1938년부터 무려 5년간 일본의 폭격기가 중경을 드나들었다. 2만 발이 넘는 폭탄이 쏟아졌다. 그래도 중경은 일본군을 단 한 발자국도 허락하지 않았다.

도리어 중경은 역사상 최대로 북적거리는 도시가 됐다. 대륙 전체에서 사람들이 전쟁을 피해 중경으로 모여들었다. 행정기관과 학교는 물론이고 공장과 상점에 이르기까지 피난 행렬이 줄줄이 중경으로 향했다. 중경은 평지가 없기로 유명하다. 도시 전체가 언덕이고 산이다. 곧게 뻗은 길을 찾을 수 없을 정도로 뱀처럼 구불구불하다. 그래서 중국 어느 도시에나 흔한 자전거와 오토바이의

| 대불단정가 172호 | 김원봉이 살았던 곳으로 알려져 있다.

행렬도 찾을 수 없다. 도로가 좁아 자전거에 따로 길을 내줄 수도 없다. 그럼에도 몰려든 사람들로 도시 전체가 시끌벅적했다. 김구도 이곳에서 오랜 유랑 생활을 청산하고 몇 년이나마 안정적으로 임시정부 살림을 꾸릴 수 있었다. 김원봉도 마찬가지였다. 집을 구하고 의용군의 본부를 차렸다.

당시 김원봉이 살았던 곳은 탄자석 대불단정가 172호로 고증된다. 시내이긴 하지만 중심가는 아니다. 우리의 파출소쯤 되는 곳 앞에 대불단정가 표지판을 찾았다. 길 이름이다. 조금 걸어서 들어가자 재래시장이 펼쳐졌다. 차 한 대가 겨우 지나다닐 만한 길을 1킬로미터가 넘게 걸었는데도 계속 시장이었다. 골목 양옆으로 늘어선 중국의 상점들에선 과거와 현재가 공존했다. 팔다가 버린 채소 틈바구니에서 이발이라고 써 놓은 낡은 의자에 앉아 머리를 깎는 중년 남성의 모습은 사진에서 봤던 중국 옛 풍경 그대로였다. 작은 거울 하나로 요리조리 머리를 깎는 이발사를 한참 구경했다. 철망에 갇힌 닭과 오리가 꽥꽥대는 바로 옆에서 도축한 닭과 오리를 손수레에 걸어놓고 팔고 있었다. 위성으로 수신해야 하는 고화질 TV를 파는 허름한 가게는 이곳과 도무지 어울리지 않았다. TV 가격이 말도 안 되게 쌌다. 전자제품을 파는 곳이 여러 곳 있었다. 시장 구경하는 재미에 쭉 들어가다 보면 172호다. 벽에 연달아 지번이 계속 쓰여 있어서 복잡한 듯 보이는 시장이지만 쉽게 찾을 수 있었다.

해외 독립운동 사적지를 고증할 때 한 조사로는 진료소가 1층에 있는 2층 건물이라고 돼 있었는데, 진료소는 문을 닫았다. 그 옆에 과일가게를 하는 부부가 바쁘게 지나가는 손님들을 부르고 있었다. 건물은 허름했고 2층의 작은 창문이 조금 열려 있었다. 작은 기와가 있었는데, 군데군데 허물어졌다. 외관은 백 년쯤 되어 보이지만 그때의 건물인지는 알 길이 없다. 전문가와 함께 고증하러 다니는 답사팀이 아니고 혼자 물어물어 다니는 형편이라 주변에 손닿

는 대로 묻거나 발품을 팔아 어딘가 있을 표지판을 찾아보는 것이
전부였다.

시장을 중심으로 곳곳에 잘게 뻗어 있는 작은 골목에도 이런 허
름한 주택들이 많았다. 눈에 띄는 노인 몇몇께 언제 지어졌는지 물
어봤지만, 고개를 젓는다. "혹시 항일 전쟁 시기에······"라며 운을
띄우면 어이없다는 듯 손을 젓는다. 낡아 보이기는 하지만 그 당시
까지 거슬러 올라가는 것은 어렵다. 서울을 생각해보면 쉽다. 지금
서울에 일제강점기에 지은 일반 주택이 몇이나 남아 있을까? 그나
마 한국은행이나 서울역 같은 건물이나 사적으로 관리될 뿐이다.
기대하는 것 자체가 무리일 수 있다. 하지만 대대적인 재개발로 싹
밀어버린 것이 아니라면 개축하고 증축하긴 했어도 큰 변화는 없
을 수도 있지 않을까 싶었다. 무엇보다 작은 창문을 열고 밖을 내
다볼 수 있는 낡은 2층 건물의 모습에서는 일제강점기 청계천 주
변의 풍경을 그린 소설 《천변풍경》이 겹쳤다. 전문가들의 정확한
고증과 복원을 듣고 싶다.

중경으로 본부를 옮긴 김원봉의 머리는 복잡했다. 의용군의 향
후 행로를 결정해야 했다. 중국은 자신들이 관리하는 선전부대로
서 의용군이 활약해주기를 원했다. 국제적인 연대를 과시할 수 있
다는 점에서 유용했으나 통제를 벗어나는 전투부대로 육성하는 것

| 묘배타 81호 옛터 | 중경 조선의용군 본부가 있었던 곳이다.

은 꺼렸다. 하지만 대원들은 매일 밤 총을 들고 전선을 누비는 꿈을 꾸며 잠들었다. 군인은 전장에 있어야 한다. 누적된 불만은 언제 터질지 모를 정도로 아슬아슬했다.

핵심 간부들과 김원봉이 본부에 모여 회의를 거듭했다. 의용군 본부는 탄자석 묘배타苗背沱, 미아오뻬이퉈 81호로 기록되어 있다. 전문가들이 이곳을 찾았던 몇 년 전에는 사천성 물자관리국이 있었는데, 백 미터쯤 떨어진 곳에 기와집 네 채가 남아 있었다고 한다. 이곳에 백범 김구 선생의 모친이 살았다고 전해진다. 하지만 지금 묘배타 일대에서 그 흔적은 찾을 길이 없다. 장강을 끼고 있이 풍광이 좋은 언덕엔 고급 빌라 단지가 엄청난 크기로 들어서 있다. 외부인의 출입도 통제된다. 관리사무소를 찾아 물으니 3년 전에 새로 지은 단지라고 한다. 단지 앞 버스정류장에만 묘배타라는 지명이 쓰여 있다. 조선민족혁명당과 조선의용군이 본부를 차려 거주하고 훈련하던 '손가화원'이라는 중국인의 별장은 기억에 남을 만한 어떤 기록도 남기지 않고 자취를 감췄다. 작은 표지석이라도 하나 세웠으면 어떨까 했다.

회의를 거듭할수록 전선으로 가자는 요구가 강해졌다. 국민당은 좀처럼 의용군에게 전투의 기회를 주지 않았다. 김학철은 생전에 당시 대원들의 발언을 이렇게 회고했다. "이런 가짜 항일전선에 계속 머물러 우리의 아까운 청춘을 허송한다는 것은 수치스러운 일입니다." "우리는 팔짱을 끼고 앉아서 적이 제풀에 거꾸러지기를 기다릴 수는 없습니다. 우리는 우리의 손으로 적을 쓸어내려야 합니다."

의열단 시절부터 김원봉이 가장 신뢰하던 석정 윤세주마저 의용군을 전선으로 옮길 것을 주장했다. 전선은 황하를 넘어 화북을 말했다. 조선인들이 가장 많이 일제와 교전하고 있던 곳은 동북 만주였지만 너무 멀었다. 하지만 화북 태항산을 중심으로 뻗은 전선에서도 모택동의 팔로군과 일본 황군의 전투는 치열했다. 의용군

대원들이 바라는 전장이었다. 더구나 화북에 거주하는 조선인의 숫자는 20만 명을 넘어섰다. 그들에게 의용군을 알리는 일도 중요했다.

팔로군 관할 지역으로 들어가려면 중국 공산당과의 협의가 필요했다. 당시는 제2차 국공합작 시기였다. 장개석은 부하 장학량의 배신으로 서안에 감금당한 채 공산당과 협력해 항일 전쟁을 치르기로 합의했다. 풀려난 후 장학량을 체포하고 직위를 박탈하긴 했지만, 표면상 국공합작은 유지됐다. 항일이라는 대의명분을 무시하고 공산당을 토벌하기도 어려웠다. 무엇보다 일본이라는 적이 너무 거대했다. 국민당 정부의 수도 중경에 국공합작을 위해 파견된 중국 공산당 간부들의 사무실이 있었다. 팔로군 옛터를 바이두에 검색하면 중경 시내에 여러 곳이 나온다.

홍암촌이라는 곳에 당시 팔로군 간부들이 거주하던 집과 사무실을 공원으로 만들어놨다. 연안의 공산당 지도부가 거주하던 대추공원을 축소한 느낌이다. 직접 식량을 조달하기 위해 씨를 뿌리고 밭을 갈았던 농장도 있다. 여러 채의 집 앞에는 홍암 혁명기념관도 만들어놨다. 신화일보가 있던 자리도 팔로군 옛터로 나온다. 원형 그대로 유지하면서 관광객들이 들려볼 수 있도록 개방해놨다. 당시 발간된 신문과 선전 잡지들을 진시해놨다.

국공합작의 상징으로 중경에 파견된 이는 주은래였다. 주은래는 영원한 이인자로 불리며 죽을 때까지 사회주의 신중국의 총리를 지냈다. 부인 등영초와 함께 중경에서 국민당과의 협상을 담당했다. 국민당 특무들의 눈을 피해 은밀히 모택동에게 소식을 전하고 팔로군을 대내외에 알렸다. 주은래가 업무를 봤던 곳은 '주은래 공관'이라는 이름의 기념관이 되어 있다. 이곳을 찾아가려면 언덕 높은 곳에 있어 구불구불 산길을 올라가야 하는데, 옛 공관 앞에는 주은래 동상이 커다랗게 서 있다. 문화대혁명 때도 어떻게든 나라가 제구실을 할 수 있도록 붙잡고 있던 주은래였다. 그는 암으로 피가 섞인 오줌을 싸면서도 새벽까지 일했다고 한다. 중국의 평범한 시민들도 가장 존경하는 인물로 그를 손꼽기를 주저하지 않는다.

의용군의 북상에는 팔로군의 협조가 절대적이었다. 황하를 도강하는 일도 그렇고 무엇보다 팔로군 관할지역으로 들어가는 일이다 보니 사전 협의 없이는 불가능했다. 다행히 주은래를 비롯한 팔로군과 공산당 수뇌부는 의용군의 북상에 호의적이었다. 주은래가 적극적으로 의용군의 북상을 유도했다는 학자들의 견해도 있다. 가진 것이 많아 이것저것 생각해야 했던 국민당에 비해 공산당은 전투 현장에서 조직을 불리는 것이 시급했다. 의용군 내에는 중국 공산당 당원들도 있었다. 의용군과 팔로군의 이해관계가 맞아떨어졌다. 김원봉을 비롯한 의용군 지도부가 결정을 내렸다. 의용군은 1941년 1월 1일, 새벽밥을 먹자마자 북쪽을 향해 길을 떠난다. 드디어 전선이었다.

김원봉 거주지, 중경 조선의용군 본부

김원봉이 살던 집의 주소는 중경시 남안구 탄자석 대불단정가 172
호(重庆市 南岸区 弹子石 大佛段正街 172号)다. 바이두 맵에 대불단정가
를 검색하면 된다. 정확히 도로 입구 표지판 앞을 알려준다. 조금
만 걸어 들어가면 재래시장 골목이 이어진다. 시장을 따라 10여
분쯤 걸어가면 172호다. 골목이 하나라 그대로 쭉 걸어가면 된다.
상점 벽에 지번이 쓰여 있다.

본부가 있던 곳의 주소는 중경시 남안구 탄자석 묘배타 81호(重庆
市 南岸区 弹子石 苗背沱 81号)다. 바이두 맵에 묘배타 81호는 검색되지
않는다. 대신 버스정류장이 검색되는데, 내려보면 이유를 알 수 있
다. 남병로라는 대로 옆으로 벽 높은 빌라 단지가 둘러 있다. 개발
이 막 된 지역에 고급단지라 대낮인데도 길을 오가는 인적이 드물
었다.

대한민국 임시정부와 조선의용군

임시정부기념관, 광복군 사령부 터

●● 중경重庆, 충칭 – 연화지蓮花池, 리엔화츼, 추용로邹容路, 조우롱루

　중경은 지금 중국에서 가장 핫한 도시 중의 하나다. 공산당 정부가 총력을 기울여 추진 중인 서부 대개발의 거점이자 중국의 3대 직할시 중의 하나다. 경제는 유명한 중경의 훠궈처럼 펄펄 끓는다. 경제성장률은 현재 몇 년 연속 중국 최고다. 리커창 총리가 중경을 본받자며 엄지손가락을 치켜세웠다. 시진핑과 권력을 다투다 실각한 보시라이도 이곳 당서기를 지내며 기반을 다졌다. 시내 전체가

| 임시정부 청사 외경 전경 | 임시정부 청사 내부 전경

지금도 고층 빌딩을 올리는 크레인 소리로 항상 분주하다.

역설적이게도 지금 중경의 번영은 전쟁이 기반이 됐다. 일본군이 대륙으로 물밀 듯이 밀려오자 장개석은 장기 지구전을 염두에 두고 중경으로 거점을 옮겼다. 일본이 항복할 때까지 중경은 전시 수도로 역할을 했다. 김구의 임시정부가 상해에서 시작해 창사, 광저우, 유주 등 이곳저곳에 걸친 긴 유랑을 끝낸 곳도 이곳 중경이었다. 일본과의 전쟁이 시작되면서 중국 국민당 정부도 대한민국 임시정부를 공개적으로 지원하기 시작했다. 재정 지원은 물론 군사 지원도 포함됐다. 상해 시기 이후 가장 활발하게 활동한 때도 중경 임시정부 때였다. 무엇보다 임시정부는 자체 무장력인 광복군을 창설하면서 숙원 사업을 풀었다.

현재 임시정부가 있던 곳은 잘 복원되어 있다. 상해와 중경 두 곳이 모두 기념관으로 만들어져 방문객을 맞는다. 부족한 듯해도 고층빌딩의 틈바귀에서 철거되지 않고 옛 모습을 유지하고 있다. 당연한 후대의 도리고 정부의 책무다.

김원봉은 의용군이 북상한 이듬해 임시정부에 합류한다. 그가 이끌던 민족혁명당은 임시정부의 주류였던 김구의 한국독립당과 함께 임시정부의 한 축이 됐다. 일종의 연립 여당인 셈이었다. 동시에 김원봉은 임시정부의 군부부장이 됐다. 지금의 국방부 장관이다. 또, 광복군이 창설되면서 광복군 부사령관을 겸직했다.

김원봉이 왜 조선의용군과 함께 북상하지 않았는지에 관해서는 학자들마다 견해가 조금씩 다르다. 의용군의 화북 진출을 김원봉이 반대했다는 설부터 오히려 적극적으로 주은래를 만나 진출을 모색했다는 설까지 다양하다. 하지만 의열단부터 조선의용군의 창설에 이르기까지 그의 위상과 헌신을 생각하면 의용군이 김원봉의 승인 없이 북상했다는 것은 어불성설임을 쉽게 알 수 있다. 분신과도 같던 동지 석정 윤세주가 북상 대오를 이끌었으니 김원봉이 오히려 안심하고 중경에 남았을 것이다. 이때 중경을 떠나 함께 북상한 김학철의 증언도 이를 뒷받침한다. "김원봉과 석정이 헤어진 것

| 윤세주 |
1942년 중국 태항산에서
일군의 40만 병력과
최후의 결전을 치르고
장렬히 전사했다.

은 이념이 달라서가 아니다. 중경에 있는 조선의용대 본대에 남아 있던 가족들의 거취 문제를 고려해서였고, 중국 국민당으로부터 지원되는 자금을 받기 위해서였다."

김원봉이 중경을 떠나면 당장 의용군 가족 수백 명의 생계가 문제였다. 결국, 김원봉은 중경에 남아 의용군 본부를 책임지기로 선택했다. 윤세주의 아내와 아들이 밀양에서 남편을 찾아 이곳 중경에 와 있었다. 김원봉은 떠나는 윤세주에게 가족은 자신이 돌보고 여건이 되면 따라갈 테니 곧 보자며 배웅했다. 하지만 그들은 다시 만나지 못했다.

임시정부가 있던 자리에 복원된 기념관 전시실에 들어서면 입구 바로 옆에 임시정부의 요인들이 모여 기념 촬영한 사진을 벽 전면

| **임시정부 기념관** | 임시정부 요인들이 모여 기념 촬영한 사진을 벽 정면에 붙여놨다.

에 확대해서 붙여놨다. 네 명은 입간판 모양의 실물 크기로 벽 앞에 세워놨다. 주석이었던 백범 김구, 광복군 총사령관이었던 지청천 장군, 군무부장이고 광복군 부사령관이면서 조선의용군 총대장이었던 약산 김원봉 등 네 명이다.

기념관은 의정원이 있던 자리, 백범 김구의 집무실, 임정 요인들의 집무실 겸 침실, 재무부 등 각 행정부 사무실로 구성되어 있다. 창문 너머로 보이는 탁자에 찻잔 몇 개가 올려져 있는 작은 방이 국무회의실이다. 나라 잃고 중국 대륙을 전전하면서도 버텨낸, 곤궁하지만 꺼지지 않은 열정이 느껴진다. 국회격인 의정원 회의

| 의정원 회의실 | 국회격인 의정원 회의장으로 쓰던 방에는 빛바랜 태극기가 걸려 있다.

장으로 쓰던 방에는 빛바랜 태극기가 걸려 있다. 저 태극기를 한번 보는 것만으로도 이곳을 찾은 의미가 있겠다는 생각이 들었다. 중국 정부가 시골 한구석이라도 공산당과 팔로군의 흔적이 남아 있으면 기를 쓰고 복원하고 보존해 교육의 장으로 활용하는 이유이기도 하다.

1호부터 5호 건물은 각기 다른 주제의 기념관으로 조성되어 있는데, 군사활동 기념관도 있다. 입구의 주인공은 군무부장 김원봉이다. 광복군이 1940년 9월 17일 결성된 후, 김원봉은 1942년 중경에 남아 있던 조선의용군 본대를 광복군에 통합한다. 통합된 의용군은 편제상 광복군의 지대로 편성되었고, 편제표에는 석가장, 태항산, 태원 등이 광복군의 공작대로 표시되어 있다. 태항산은 의용군의 주력이 북상해 공산당 팔로군과 함께 전투를 치렀던 지역이다. 석가장 역시 태항산과 가깝고 의용군의 주요 활동지역이었다.

하지만 김원봉의 마음은 편치 않았다. 처음 북상을 결정했을 때와는 달리 중경에 잔류한 김원봉과 본대의 역할은 전장에 뛰어든 의용군 내에서 제한적일 수밖에 없었다. 지금처럼 전화가 있는 것도 아니고 독립된 통신체계도 갖추지 못했다. 오가는 사람을 통해 소식을 전하거나 팔로군을 경유하는 연락이 유일했다. 말 그대로 천릿길이었다. 소식을 전하는 데만 몇 달이 걸렸다. 점차로 의용군은 팔로군과 긴밀히 협력하며 의용군 내의 공산당 계열이 주도하는 모양새를 띠게 됐다. 더구나 의용군에서 김원봉의 분신 같은 역할을 하던 석정 윤세주가 1942년 5월 전사한다. 소식을 들은 김원봉은 피눈물을 쏟으며 추도의 글을 썼다. 의열단을 만들 때부터 함께했던 윤세주가 전사하면서 태항산에 진출한 의용군 내에서 김원봉의 위상은 급격하게 세를 잃어갔다.

결국, 김원봉은 자신이 만든 조선의용군을 화북으로 떠나보내고 임시정부가 창설한 광복군과 함께 해방을 맞았다. 의용군은 광복군 1지대로 편성됐다. 광복군 총사령부도 중경에 있었다. 추용로

┃ 추용로 37호 ┃ 광복군 총사령부 옛터. 몇 년 전까지는 그 흔적이 있었지만 지금은 모두 철거됐다.

37호 미원 식당 건물이 광복군 총사령부가 있던 곳이다. 사진도 남아 있고 몇 년 전까지 그 흔적이 있었는데, 지금은 모두 철거됐다. 추용로는 중경 제일의 명소인 해방 기념탑에서 가깝다. 걸어서 5분이 채 걸리지 않는다. 해방 기념탑은 중경에서도 손꼽히는 금융과 쇼핑의 중심지다. 우리의 명동과 같은 곳이다. 땅값도 중경에서 제일 비싸다. 평당 억대를 넘는 것은 물론이다. 이런 곳에 광복군 총사령부가 남아 있기를 기대하는 것은 무리일 듯싶었다. 2014년에 원형 그대로 복원한다는 기사가 있었는데, 찾아가 보니 거대한 고층빌딩을 짓기 위해 둘러놓은 녹색의 가림막이 높아 내부를 살펴

볼 수 없었다. 뉴스를 검색해보니 국가 보훈처가 지속적으로 요청하고 중국 정부가 받아들여 보존하기로 했다고 한다. 저 가림막이 내려지고 공사가 끝나면 어딘가에 옛 광복군 사령부 건물을 기념하는 흔적이 남아 있기를 바라본다.

　김원봉이 의용군 본대를 광복군에 합류하는 결정을 내리면서, 화북으로 진출한 태항산의 의용군은 본대 없는 부대가 되었다. 편제상 광복군 소속이 됐지만, 명령이 전달되기도 어려웠고 지원도 없었다. 연락조차 힘든 태항산 산줄기에서 의용군은 선택해야 했다. 의용군은 군대 본연의 일, 계속 싸우기를 원했다. 바로 눈앞에 일본군이 있었고, 매일 총성이 들렸다. 중국 공산당의 팔로군 외에는 답이 없었다. 의용군의 2막을 석정이 전사하고 중경의 본대와 연락이 희미해지기 시작한 이즈음으로 본다. 치열한 전장에서 새로운 막이 올랐다.

| 찾아가는 길 |

임시정부기념관, 광복군 사령부 터

임시정부의 주소는 중경시 유중구 칠성강 연화지 38호(重庆市 渝中区 七星岗 莲花池 38号)다. 바이두에 검색하면 바로 대한민국 임시정부 옛터라고 뜬다. 연화지 표지판 옆으로 길거리에 임시정부기념관으로 가는 길을 알리는 표지판도 크게 자리하고 있다. 중국어와 한국어로 모두 쓰여 있다.

광복군 총사령부가 있던 추용로(重庆市 渝中区 邹容路 37号)는 해방기념탑에서 구찌와 롤렉스 매장 사이로 빠져나오는 도로다. 공산당이 세운 해방기념탑 주변을 감싸고 있는 것이 모두 구찌, 루이비통, 아르마니, 롤렉스 같은 명품브랜드 매장인 것이 아이러니했다. 광복군 총사령부가 있었다는 추용루 37호 일대는 모두 철거돼 공사를 준비 중이었다. 지번도 찾을 길이 없다. 건너편에 공상은행이 있는 곳으로 추정한다. 한두 해가 지나면 예의 고층 빌딩 숲으로 탈바꿈할 듯하다.

[10]

최전선을 향하여
행군을 시작하다

조선의용군 북상 루트

● ● 낙양^{洛阳, 뤄양} – 황하대교^{黄河大桥, 황흐어따치아오}

조선의용군 창립 2주년을 맞아 1940년 11월 4일, 중경에서는 의용군 간부 확대회의를 열었다. 무장 선전만 하기에는 성이 차지 않았다. 하루라도 빨리 일본군과 직접 전장에서 만나고 싶었다. 때로는 청년들의 의기가 진선으로 향하지 않는 지도부에 대한 분노로 끓어 넘쳤다. 최창익을 비롯한 일부 지도부도 동북노선을 주창했다. 조선인이 많이 사는 만주로 가서 투쟁하지는 주장이었다. 만주행은 현실적으로 제약이 있었다. 하지만 많은 의용군 대원들의 공감을 얻었다.

의용대 간부들이 저마다의 의견을 쏟아냈다. 의열단 시절부터 생사를 함께한 동지들의 말을 김원봉은 경청했다. 석정 윤세주도 입을 열었다. 당시 대원의 회상기에 그의 발언이 남아 있다.

"우리는 어쩔 수 없이 국민당과 공산당 사이에서 줄타기를 해야 합니다. 하지만 우리의 종국적인 목표는 중국의 항일 전쟁이 승리한 후에 우리의 조국에 나가서 민족해방에 앞장서는 것입니다. 그렇다고 할 때 우리들의 1차 목적은 화북 진출입니다. 거기에는 20만 우리 동포가 살고 있습니다. 그곳에서 항일에 적극적으로 참가해야 합니다. 중국 공산당 항일근거지에서 우리들의 전투 인원을 확충하고 다시 만주로 진출해야 합니다. 만주는 지리적으로 우리의 조국과 가까운 곳으로 화북보다 더 큰 장점이 있습니다."

김원봉도 더는 미룰 수가 없었다. 본인과 일부 대원들은 본부에 남고 의용군의 주력은 항일 전쟁의 최전선인 중국 화북지역으로 이동한다는 결정을 했다. 당시 중국 공산당 팔로군과 일본군이 교전하고 있던 최전선이었다. 화북은 만주 다음으로 조선인이 많았다. 큰 도시에는 많게는 수만의 조선인이 거주하고 있었다. 따라서 의용군의 확장에도 용이하다는 판단도 있었다. 일본군으로 참전 중인 조선 사람들도 넘어올 것으로 생각했다.

국민당의 지원을 받아 창설된 의용군이 공산당 지구로 넘어간다는 것은 쉽지 않았다. 더구나 그때 장개석의 국민당 군이 이동하던 공산당의 주력을 급습해 수천 명의 전사자를 낸 환남사변(皖南事變)이 일어났다. 2차 국공합작도 판이 깨지는 모양이 역력했다. 의용군이 팔로군 지구로 넘어가나가 같은 일을 낭하지 말라는 보장이 없었다. 바삐 움직여야 했다. 거리가 멀어 이동도 연락도 모두 문제였다. 하지만 김원봉은 혈육 같던 동지들을 믿었다. 석정을 비롯한 핵심들이 이동을 이끌었다. 1941년 1월, 그들은 새해 첫밥을 먹자마자 중경을 가로지르는 장강의 부두에서 '민생호'라는 기선에 올랐다. 장강의 물결을 가르며 대원들이 노래를 불렀다.

최후의 결전을 맞으러 가자
생사적 운명의 판가리다
나가자 나가자 굳게 뭉치어
원수를 소탕헤 니기지

배에서 내린 후에는 하루에 50킬로미터가 넘는 강행군이 이어졌다. 낙양에 도착한 것이 2월이었다. 낙양은 중국 문명의 젖줄인 황하를 품고 있었다. 누렇고 탁한 저 강을 건너야 화북이었다. 하지만 국민당과 공산당의 갈등이 첨예하게 달아오르고 있었다. 군대가 강을 건너는 일은 생각보다 쉽지 않았다. 이미 공산당의 본거지인 연안延安, 옌안으로 가는 길은 국민당이 끊어버릴 정도였다. 의용군은 훈련 및 부대 정비를 이유로 낙양 시내에서 5킬로미터 떨어진 농촌의 한 부락에 짐을 풀었다. 시내에 있다가 괜한 시비에 말리면 낭패라는 판단이었다. 그냥 쉬는 것은 아니었다. 석정은 각종 토론회와 정세 보고회를 수시로 주관하며 대원들의 긴장을 유지했다. 십수 년간 조직을 이끌며 단련된 그의 재능이 의용군 대오를 안정적으로 유지하는 데 큰 역할을 했다.

낙양에서 2개월을 머물렀다. 의용군은 끈질기게 교섭하며 도강을 준비했다. 팔로군 지역으로 들어가는 것이라 중국 공산당의 협조가 있어야 했다. 당시 낙양에는 팔로군 판사처가 있었다. 판사처는 사무소라는 뜻이다. 조선의용군 2지대가 이미 낙양에 주둔하면서 협력 관계를 유지하고 있어서 도강증과 통행증이 발급됐다.

의용군은 세 차례로 나눠 강을 건넜다. 기록에는 맹진나루터에서 도강했다고 나온다. 현재 맹진나루터의 위치는 불명확하다. 지

| 황하 전경 | 나룻배로 황하를 건너는 중국 팔로군

도에 있는 맹진현은 당시의 맹진과는 다르다. 맹진현이라 면적도 넓다. 회맹진이라는 지역도 있다. 위치를 놓고 전문가들의 견해가 다소 엇갈리지만, 독립기념관은 현재 맹진현에 있는 황하대교^{黃河大橋, 황흐어따치아오} 자리로 추정하고 있다. 낙양 시내에서는 차로 한 시간쯤 걸린다. 하지만 표지석이나 흔적이 남아 있지는 않다. 중국 문명의 젖줄이라는 황하는 정확히 낙양 시내를 반으로 가르며 관통한다. 강변에 공원을 조성해놓았기 때문에 쉽게 접근할 수 있다. 주민들은 그물을 수선해 고기잡이를 한다. 누런 탁류의 한가운데서 그물을 치는 어부들을 볼 수 있다.

　의용군은 나무배를 타고 도강했다. 전국 각지의 팔로군 기념관이나 항일 전쟁기념관에 가면 목선을 타고 강을 건너는 팔로군의 사진과 삽화를 쉽게 볼 수 있다. 아마 의용군의 모습도 다르지 않았을 것이다.

낙양에 있던 팔로군 판사처 옛터는 아직 남아 있다. 현재 기념관으로 조성돼 있다. 입구에 들어서면 주낙양팔로군판사처駐洛阳八路军驻办事处 옛터 표지석이 있다. 그 뒤로 건물이 여러 채 남아 있다. 하지만 찾았을 때는 대대적인 보수 공사가 진행 중이었다. 한 달 정도 걸린다고 했다. 기념관에는 조선의용군이 도강할 때 사용했던 도강증과 통행증을 비롯한 의용군의 사진이 전시돼 있다고 들었는데 다음 기회로 미뤄야 했다.

표지석 옆에는 기념비가 서 있다. 기념관이 폐쇄되었는데도 안은 북적였다. 단체로 방문한 학생들이 많았는데, 짧은 시간에 서로 다른 세 단체를 봤다. 중국의 항일 유적은 조그만 터라도 잘 보존되고 청소년들에게 교육의 장이 된다. 공산당의 항일 역사가 승리의 역사이기 때문이다. 사회주의 신중국을 건국하는 데 성공한 공산당의 정통성은 항일에 있다. 외진 시골의 촌락 집 한 채까지 보존해놓은 그들의 치밀함을 접하다 보면 정치적 동기를 떠나 어쩔 수 없이 우리와 비교하게 된다.

수도 서울에 국립 독립기념관 하나 두지 못한 지금의 우리와 많

▎팔로군 건물 옛터를 견학 온 중국 학생들

이 다르다. 그동안 물질적 풍요는 얻었으나 과거에 떳떳하지 못했다. 광복 70년이 지났으니 이제는 돌아보고 추모할 여유가 있지 않을까 한다. 기념관은 많을수록 좋다는 생각을 했다. 보수공사를 하느라 쳐놓은 망 뒤로 '혁명전통 교육기지'라는 붉은 플래카드가 희미하게 보였다.

강을 건넌 의용군은 행군을 지속하며 태항산으로 향했다. 중국의 그랜드캐니언이라고 불리는 험준한 산악지대다. 먼저 북상했던 일부 대원들은 화북조선청년연합회를 결성해 머물고 있었다. 이곳은 중국 공산당의 주력인 팔로군이 전투를 수행하는 지역이었다.

팔로군도 조선인 무장 부대의 중요성을 알고 있었다. 두 팔 벌려 환영한 것은 물론이고 지원을 아끼지 않겠다고 여러 차례 공언했다. 오랜 행군이 끝나고 험한 산세가 웅장한 산골짜기 들어섰을 때 백 명이 넘는 초록색 군복을 입은 군인들이 손을 흔들고 모자를 흔들며 의용군을 반겼다. 태항산의 팔로군이었다. 짐을 풀고 조선의용군 화북지대라는 이름으로 대오를 정비했다. 조선의용군을 이루고 있던 실질적인 주력이었다. 마침내 최전선으로 왔다.

| 찾아가는 길 |

조선의용군 북상 루트

맹진 나루터가 있던 곳으로 추정되는 황하대교는 현재 낙양 근교 맹진현에 자리 잡고 있다. 시내에서 40킬로미터 떨어져 있다. 주소는 하남성 낙양시 맹진현 황하대교(河南省 洛阳市 孟津县 , 黃河大桥)다. 일부 학자들은 조선의용대가 도강한 맹진 나루가 현재의 맹진(신맹진) 북쪽에 있는 백학진일 가능성도 있다고 했으나, 국외독립운동유적지 사이트에는 지금의 황하대교 자리 또는 그 인근 동쪽의 회맹진이라고 나온다. 팔로군 판사처 기념관은 바이두 맵에서 팔로군 판사처로 검색하면 바로 찾을 수 있다. 건너편에 수당 시대의 대운하기념관이 있어 관광으로 들릴 만하다.

[11]

조선의 독립을 위해
'팔로군'과 손을 잡다

조선의용군 태항산 첫 주둔지 터

● ● 태항산太行山, 타이항산 ─ 상무촌上武村, 상우춘

조선의용군의 유적지가 가장 많이 남아 있는 곳이 태항산太行山, 타이항산이다. 태항산은 남북으로 600킬로미터, 동서로 250킬로미터에 뻗어 있는 험준한 지형을 자랑하는 산맥으로, 흔히 중국의 그랜드 캐니언으로 불린다.

화북의 드넓은 평야와 서북의 황토 고원을 가르는 경계가 된다. 이미 오랜 역사에서 이곳은 매번 전쟁터였다. 춘추전국시대에 이

▌태항산 산세 ▌ 산이 험해 군사적 요충지가 많았던 이곳에 조선의용군의 유적지가 가장 많이 남아 있다.

곳은 중원을 지키는 방어막 구실을 했다. 워낙 산이 험해 천혜의 군사적 요충지가 많았다. 풀과 나무도 자라기 힘든 붉은 흙과 기암괴석만 보이는 곳도 많다. 우리가 산동성이라고 알고 있는 지명은 이곳 태항산의 동쪽이라는 뜻이다. 일본이 본격적으로 대륙을 침략한 이후에는 태항산이 최전선이 됐다.

일본군은 화북을 석권하고 남방의 도시들을 하나씩 점령해 들어왔다. 장개석의 국민당은 중경으로 옮겨 서남부에서 웅크리고 있었고, 모택동의 공산당은 태항산을 거점으로 화북 지역의 일본군과 유격전을 벌이며 교전했다. 매일 총성이 오갔다. 이곳을 넘으면 공산당 지도부가 있는 연안으로 가는 길이 열린다. 공산당은 주력인 팔로군 사령부를 태항산 기슭에 두고 항전했다. 이 부근 항일 사적지를 다니다 보면 '진기로예晋冀鲁豫 항일근거지'라는 표지를 많이 접할 수 있다. 진기로예는 지역의 별칭으로, 산서성晋, 하북성冀, 산동성鲁, 하남성豫 4개 성에 걸친 넓은 지역이다. 공산당이 사력을 다해 싸우던 이 지역의 핵심 근거지가 태항산이었다.

상무촌上武村, 상우촌이라는 마을을 찾았다. 황하를 넘어 북상한 조선의용군이 처음 주둔한 곳이다. 조선의용군의 흔적은 하북성 섭현에 많이 있다. 이웃한 산서성 좌권현에도 넓게 흩어져 군데군데 있지만, 섭현을 기점으로 찾아다니는 것이 이동에 편하다. 섭현 시내에 별 3개를 단 호텔이 있다. 가격도 비싸지 않다. 상무촌은 섭현에서 가장 멀리 있다. 섭현에서 90킬로미터로 나오는데, 차로 두어 시간쯤 걸린다. 지방도로라 속도를 낼 수 없어 그렇다. 중국의 지방도로는 시속 30~40킬로미터로 제한을 둔다. 카메라도 많아 과속하면 바로 벌금이다.

상무촌으로 들어가는 길은 어렵지 않게 찾을 수 있다. 마침 내가 찾았을 때 마을은 결혼식 준비로 한창이었다. 마을 입구가 중국인들이 좋아하는 붉은 천으로 덮여 있었다. 새신부가 탈 것으로 보이는 빨간 가마도 있었다. 멀리서 보니 그다지 큰 마을은 아니다. 시

| **흥복사** | 조선의용군은 대체로 버려진 민가나 사찰을 수리해 주둔지로 사용했다.

끌벅적 모여 있는 마을 사람들의 표정에서 웃음이 가시질 않는다. 어디나 마을 잔치의 풍경은 비슷하다. 그중 한 중국인에게 흥복사興福寺를 묻자 친절하게 알려주었다. 입구에서 왼쪽 위로 조금만 올라가면 된단다. 흥복사는 도교 사찰이라는데, 조선의용군이 주둔했었다. 의용군은 대체로 버려진 민가나 사찰을 수리해 주둔지로 사용했다. 블로그를 뒤지다가 일본군이 불을 질러 지금은 터만 남아 있다는 답사기를 읽은 기억이 났다.

조금 걷자 커다란 비석이 두 개 보였다. 하나는 최근 우리와 중국 정부가 공동으로 세운 순국선열 전적비다. 그 옆에는 글자가 닳

| 흥복사 내부, 조선의용군 옛터 표지

아 오래되어 보이는 비석이 있었는데, 주민이 흥복사에 대한 비석이라고 일러주었다. 그 비석 뒤로 흥복사가 있었다. 꽤 넓은 사찰이었음을 알 수 있었다. 어디선가 뒤따라온 주민이 이곳이 남쪽 터이고, 이곳이 우물이 있던 자리이고, 저 건너편에는 뭐가 있었는지 시시콜콜 알려주었다. 어떻게 알고 왔느냐고 묻자 마을 주민들이 한국인 얘기를 해서 왔다고 말했다. 시골 마을은 좁고 인심이 후하다. 손에 열쇠가 들려 있었다. 모두 불에 타 없어진 것이 아니고 사당한 채가 남아 있는데, 그 문을 열어주러 온 것이다. 준비도 섭외도 부족했던 막연한 걸음이 이런 도움 덕분에 계속 이어진다.

여느 군대의 주둔지와 흡사한 입지였다. 뒤로 태항산 줄기가 험준하고 앞으로 하천이 흐른다. 지금이야 도로가 나 있지만, 그때는 들어오는 길도 좁고 험했을 테니 천혜의 요지라는 수식어가 적당하다. 적을 정찰하기에도 좋고 몸을 숨기기에도 적당하다. 들어오는 적과 맞서 싸우기도 편한 땅이다.

사당에는 도교 용어로 보이는 현판이 걸려 있었다. 조선의용군 주둔 유적이라는 표지판이 붙어 있었다. 문을 열자 여러 신이 보였다. 마을 사람들이 이곳에서 가끔 제사를 지낸다고 했다. 불에 탄 향들이 작은 화로에 꽂혀 있었다. 노인과 함께 향에 불을 붙였다. 따로 당시를 회고할 만한 소품은 남아 있지 않았다. 사당 앞에 잡초가 무성했다. 그 벌판 앞에 사당과 비슷한 건물이 있었을 테고 거기에 짐을 푼 조선의용군들이 왁자지껄했겠지 하고 머릿속으로 그려보는 수밖에 없었다. 저 우물에서 물을 길었을 테고, 저기 커다란 나무 밑에서 한여름 더위를 피했을 테고.

화북으로의 이동을 결의하고 황하를 건너 북상한 의용군이다. 이유는 단 하나 조선 민중이 조금 더 많이 사는 곳이었기 때문이다. 그래서 화북으로, 화북에서 동북 만주 땅으로, 그리고 압록강을 건너 집으로 가는 것은 그들의 한결같은 목표였다.

1941년 6월, 의용군이 짐을 풀고 며칠 지나 팔로군이 주최하는 조선의용군 환영대회가 열렸다. 당시 최전선인 태항산 사령부를 책임지고 있던 팽덕회(彭德懷, 중국의 군인. 인민지원군 총사령으로서 한국전쟁에 참가했다)가 환영사를 했다. 팔로군의 총사령관은 중국 인민해방군의 아버지라고 불리는 주덕이었지만, 야전 사령관으로 실질적인 팔로군의 전투를 지휘하고 있는 이는 팽덕회였다. '군신'이라고 불린 팽덕회의 명성은 이때부터 대륙에 자자했다. 훗날 우리와는 악연이 된다. 압록강까지 북진한 국군과 미군을 다시 38선 이남으로 밀어낸 중공군 사령관이 팽덕회다. 천하무적이라던 미 해병1사단에게 장진호에서 괴멸에 가까운 패배를 안긴 것도 그때의 일이다. 팽덕회는 모택동을 비판하는 발언을 하다가 문화대혁명 때 숙청당했다. 고초를 겪는 그 순간에도 장군으로서의 기개를 잃지 않았다는 일화가 전해진다.

팽덕회의 환영사를 짧게 옮겨본다.

"팔로군 70만 장병을 대표해서 여러분을 열렬히 환영합니다. 우리 무기고의 문은 여러분 앞에 활짝 열릴 것입니다. 마음대로 고르고 마음대로 가져가십시오."

당시를 회고하며 증언을 남긴 대원들은 팔로군의 보급도 어려운 처지에 그날 조밥에 돼지고기 반찬이 나왔다고 기억했다. 윤세주도 의용군을 상대로 연설했다.

> "의용군 동지들은 모두 국민당 지구에서 왔다. 공산당이 영도하는 태항산에는 또 그들만의 엄한 규율들이 있으니 반드시 이를 지키길 바란다. 어느 때나 자신이 조선의용군 대원이라는 신분임을 잊지 말기 바란다."

당시 화북지방에는 20만이 넘는 조선인들이 있었다고 한다. 동북 만주에는 수백만에 달했다. 나라 잃고 이역만리에서 힘겨운 삶을 이어가던 조선 사람들에게 의용군이 가까이에서 활동하고 있다는 소식은 든든한 뒷배였다. 조선 사람임을 잊지 않게 하는 동아줄 역할을 했다. 해방 후 만주로 이동한 천여 명의 의용군이 불과 수년 만에 수만의 군대로 급성장한 배경은 의용군에 대한 조선 민중의 절대적인 지지 말고는 달리 설명할 수 없다. 지금은 한국의 순국선열유족회와 중국 좌권현 정부에서 2002년 12월에 세운 순국선열기념비석에 새겨진 몇 문장의 글이 후대를 반긴다.

> 이곳 상무촌은 일제 침략을 물리치기 위해 조선의용군이 중

| 순국선열기념비석 | 나라 잃고 이역만리에서 힘겨운 삶을 이어가던 조선사람들에게 조선
의용군이 가까이에서 활동하고 있다는 소식은 든든한 뒷배였을 것이다.

국 인민과 함께 싸운 얼이 서려 있는 곳이다. 조선의용군은 조
국 광복을 위해 1940년 7월부터 1942년 2월까지 이곳을 중
심으로 한 항일독립전투에서 많은 공적을 쌓았고 희생도 컸다.
태항산 항일전 승리 60주년과 한중수교 10주년에 즈음하여
대한민국 국가보훈처의 지원으로 2002년 10월 10일 좌권현
에서 최초로 태항산 항일전 희생열사 추모제와 한·중 국제학
술회의를 개최하였으며, 선열들의 숭고한 독립정신과 공훈을
기리고 희생을 되새기기 위해 이 비를 세우는 바이다.

고향을 향해, 고향 사람들을 향해, 그렇게 걷고 걸어 처음 터를 잡은 곳이 상무촌이다. 중국 공산당이 대장정을 내세우지만, 우리 의용군의 행군도 나라 잃은 비정함이 더해진 또 하나의 장정이었다.

조선의용군 태항산 첫 주둔지 터

주소는 산서성 좌권현 상무촌(山西省 左权县 上武村)이다. 길은 단순하다. 섭현에서 얼마 지나지 않아 거의 외길로 쭉 달리면 된다. 중간에 두 번 고속도로를 이용할 수 있다. 소형차는 한번에 5위안의 요금을 받는다. 마을 입구에 대문을 크게 세워놨는데, 붉은색으로 '상무촌'이라고 크게 써놨다.

합류하는
조선청년들을 위해
교육에 매진하다

화북조선청년혁명학교 터

●● 태항산^{太行山, 타이항산} ─ 중원촌^{中原村, 쭝위엔춘}

　지금까지 일제와 맞서 싸우기는 마찬가지였지만 결이 약간 달라
졌다. 남경에서 시작해 중경에 이르기까지는 중국 국민당의 지원
을 받았지만, 이제는 공산당 팔로군과 함께 싸워야 했다. 낯선 땅에
부대를 꾸린 조선의용군의 향후 활동을 어떻게 가져갈지 정비하는
것이 시급했다. 의용군의 중견대원들이 모였다. 1941년 7월 7일부
터 8월 15일까지 난상토론이 이어졌다. 미리 공산당 지구인 대항

산에 들어와서 활동하던 대원들도 있었는데, 이들 중에는 중국 공산당 당원 신분이 많았다. 공산당원은 아니지만 좌파 성향을 띠고 있는 대원들도 있었다. 반면 민족주의 우파 성향이 강한 대원도 물론 있었다. 환경도 다르고 당파도 다르고 서로 떨어져 활동했었기 때문에 이질감이 없을 수가 없었다. 다만 의용군 깃발 아래 함께 시작했고 다시 뭉친 그들이었다. 서로의 정치적 견해를 부정하지 않는 토대에서 의용군의 활동 방향을 모색하려 했다. 전선에서 함께 싸울 전우이니 단결이 최우선이었다. 대토론의 결과 무장 선전과 간부 배양이라는 기본 방침을 설정했다. 조선의용군 화북지대라는 이름으로 부대 대오도 재정비했다.

점차 조선의용군의 존재가 알려지면서 찾아오는 이들이 늘었다. 학생들도 있었고 농사를 짓거나 장사를 하던 청년들도 있었다. 합류하는 조선 청년들이 늘어나면서 이들을 교육할 간부훈련반을 만들었다. 1941년 8월 16일부터 10월 13일까지 2개월간 운영했다. 신입 대원 30명을 하급간부로 양성하는 것이 일차 목표였다. 조선혁명사와 정치사회 발전사도 교과목에 있었다. 윤세주가 조선문제를 가르쳤다. 조선의 사회경제 분석에서 독립운동과 혁명의 역사를 주로 강의했다. 정치상식은 최창익이 가르쳤다. 최창익은 의용군 내에서 김원봉과 자주 마찰을 일으키며 결국 먼저 북상했던 공산주의자였다. 중국 공산당의 항일군정대학에서 배웠던 최창익은 그때의 교재를 가져다 이용했다. 매주 시사를 분석하고 학생들끼리 토론도 했다. 시사문제는 김학무가 가르쳤다.

군사훈련도 병행했다. 군대이기 때문에 사실 가장 중요한 것은 군인으로서의 능력을 기르는 일이었다. 초보적인 군사 지식 습득은 물론이고 장기적으로는 장교로 부대를 지휘할 수 있는 실력을 배양하는 것이 중요했다. 몇 가지 원칙을 세웠다. 구령과 명령은 모두 우리말로 진행했다. 간단한 동작에서 복잡한 동작 순서로 교육했다.

태항산은 농사에 적합한 땅이 아니었고 팔로군의 형편도 좋지 않았기 때문에 먹고 입고 자는 문제도 많은 부분 스스로 챙겨야 했다. 따라서 농사일이 없는 겨울에 주로 학습과 훈련에 집중했다. 날이 풀리면 낮에는 농사를 짓거나 다른 생산활동을 했고, 호미로 가래질을 하다가 총을 들고 전선으로 가기 일쑤였다.

조선의용군은 창립 초기부터 교육을 중시했다. 정규 군사교육을 받기 위해 국민당과 끈질기게 교섭했고, 어디든 부대 주둔지를 정비하면 교육 훈련 계획부터 세웠다. 실력이 있어야 독립 투쟁도, 전투도 할 수 있었다. 전투가 계속되면서 연안, 산동, 화중을 비롯한 넓은 지역 곳곳에 의용군의 교육기관을 세우려는 시도를 했다. 그

| 중원촌 입구 | 조선의용군은 창립 초기부터 교육을 중시해 곳곳에 교육기관을 세우려는 시도를 했다. 이곳에 그 배움의 흔적이 남아 있다.

배움의 흔적이 아직 남아 있는 곳이 중원촌中原村, 쭝위엔춘이다. 사실 중원촌은 시간 순서로 따지면 1941년 의용군이 북상해 상무촌에 터를 잡은 후 1942년 5월 윤세주와 진광화가 전사한 전투 이후에 새롭게 옮긴 주둔지다. 이곳에서도 의용군은 간부훈련반의 전통을 이어 화북 조선청년혁명학교를 세웠다. 일제를 피해 조선의용군을 찾아 도망오는 화북 지역의 조선인들을 수용하고 교육해 조선의용군에 입대시키는 것이 목표였다. 1기의 교육 기간은 5개월이었다. 주로 가르친 것은 처음 간부훈련반을 만들었을 때와 같았다. 조선혁명사, 사회발전사, 군사 실습을 주로 했다. 간부훈련반과 중원촌의 화북 조선청년혁명학교를 편의상 함께 묶어서 기록해본다.

중원촌은 팔로군 129사단 주둔지와 가깝다. 중원촌 맞은편이 129사단 사령부가 있던 적인촌이다. 중원촌을 찾았을 때 도로 건너편으로 공사가 한창이었다. 아마 팔로군 유적 관련한 증축이지 싶었다. 중원촌은 섭현에서 가깝고 쉽게 찾을 수 있다. 독립기념관 자료에 의하면 조선의용군 생도들이 정치학습과 군사훈련을 받았던 장소로 추정되는 곳은 현재 중원소학교 건물이라고 한다. 그 뒤로 조선의용군 사령 무정이 거주했다고 추정되는 집도 있었다. 마을엔 오래된 황토집들이 군데군데 남아 있었다. 무너진 흙벽 안쪽에서 노인들이 배추를 심어 기르고 있었다.

마을 주민들에게 기념관을 묻자 길 건너편으로 가란다. 건너편은 팔로군 기념관이었다. 차오셴朝鮮, 조선이라는 발음을 분명하게 하자 그제야 원정사元定寺라고 수군대며 마을 안쪽을 알려주었다. 마을 입구에서 왼쪽으로 5분쯤 걸어 올라가면 된다. 마을을 한눈에 굽어볼 수 있는 높은 곳에 있었다. 그런데 문이 잠겨 있었다. 지나가는 주민들을 붙잡고 열쇠 가진 이를 수소문하는 것 외에 방법이 없었다. 난감해하는 한국인 주변으로 어느 틈에 마을 주민들이 몰려들었다. 그리고 누군가 열쇠를 가져왔다. 자신들의 부모와 동료고 친구였던 의용군이다. 멀리서 그 후손이 찾아왔다니 이들도 빈

┃ 원정사 내 조선의용군 기념관 ┃ 마을 주민들은 자신들의 부모와 동료였던 의용군의 후손들이 찾아오면 기꺼이 문을 열어준다.

가운 것이다. 2015년 광복 70년을 맞아 이곳을 찾은 한국 언론과의 인터뷰에서 주민들은 "당시 의용군들이 엄동설한에도 강에 가서 수영하는 걸 보고 마을 사람들이 대단하다는 얘기를 많이 했다"고 기억을 더듬었다. 마을 제사가 있는 날에만 문을 여는 절이지만, 한국에서 답사단이 찾아온다고 연락이라도 오면 기꺼이 비를 들고 쓸어 정비한 다음 문을 열어준다고 했다.

원정사 안에는 여러 채의 작은 건물이 남아 있었다. 그중 하나가 당시 조선의용군 신입 대원들을 가르치던 교실이었다. 얼핏 나이가 꽤 들어 보이는 노인이 이곳에서 조선의용군이 학습했다고 알려주었다. 가르치던 선생들이 열정적이었다는 말도 덧붙였다. 아주 어릴 적 기억이거나 부모에게 들은 말이지 싶었다.

뜻밖에 교실로 쓰던 건물 옆으로 작은 기념관이 있었다. 겨울 해가 산에 걸려 실내는 살짝 어둑했다. 전등을 켰더니 군데군데 거미줄이 자욱했는데, 당시에 쓰던 책상과 의자, 가방, 전화기, 의용군이 쓰던 모자 등이 잘 정리되어 있었다. 태항산의 이름 없는 마을에 의용군의 흔적이 이리 잘 보관되어 있을 줄은 생각도 못 했다. 건물터만 찾아다니다가 당시에 사용했다던 소품들을 접하니 가슴이 벅차고 두근거렸다.

| **조선의용군 기념관 내부** | 이름 없는 마을에 의용군의 흔적이 잘 보관되어 있었다. 당시에 사용했던 소품들을 접하니 가슴이 벅차다.

소품들은 대체로 볼품없이 낡았다. 헤지고 녹슬어서가 아니라 밖으로 드러나는 모양새만 봐도 부족함이 느껴졌다. 그래서 더욱 의용군의 숨결이 느껴진다. 부러진 의자를 못질해 지탱했고, 구멍 난 가방을 기워 책을 넣고 다녔다. 질이 안 좋은 연필심이 번진 책이며 공책에 쓴 글귀를 읽고 또 외웠다. 모자란 것은 서로 나눴다. 이러니 부족하지만 동시에 넘치기도 했다. 몇 달 만에 외부인의 방문을 맞은 듯 군데군데 뽀얀 먼지가 다소곳했다. 책상 위의 먼지를 손으로 쓸어내려 보았다.

기념관에는 당시 신문기사와 사진 자료도 있었다. 확대해 매끈하게 인쇄한 것은 아니지만 흔들거리는 나무 액자에 끼워 넣은 작은 사진 여러 장이 오래된 건물과 어울려 묘한 울림을 주었다. 작은 기념관이지만 찬찬히 볼거리들이 많았다. 밖에서 서성대던 중국인들은 어느새 마당을 쓸고 있었다.

건너편 건물에 '신화일보'라는 팻말이 붙어 있다. 팔로군 신문이다. 129사단 주둔지에 있어야 할 것 같은데 이곳 원정사에도 흔적이 남아 있었다. 조선의용군은 초기에 무장 선전대로서 역할 했다. 선전 활동에 신문은 중요한 수단이 된다. 신화일보는 중국 공산당 신문이었지만 어떨 때는 저 작은 건물에서 중한 양국의 청년들이 함께 밤을 새워가며 기사를 쓰고 잉크를 묻혀가며 등사를 하지 않

■邓小平提出邀
请日本朝鲜人士
担任参议员.

■1942年10月, 来自日占区的81位韩国青年在中原村集体
加入朝鲜义勇军.

| 1942년 조선의용군에 조선 청년 81명이 집단 가입했다는 신화일보 기사

앉을까 하는 추측을 해본다. 그 뒤로는 숙소로 사용했을 법한 작은
건물도 남아 있었다.

　이곳은 진광화, 윤세주 등 지도부를 잃고 다시 전열을 정비한 의
용군이 터를 잡은 곳이다. 이곳에서 팔로군과는 피를 나누며 함께
세를 불려갔다. 언제든 전장에 설 준비가 되어 있었지만, 배우고 익
히는 것 또한 소홀히 하지 않았다. 총 들고 농사일을 하면서도 가
방에는 책이 빠지지 않았다. 언제든, 어디서든, 어떤 상황이든 교육
의 끈을 놓지 않았다. 배우고 토론하는 것을 중시했다. 조선의용군
이 규모는 작았지만, 팔로군도 인정할 정도로 딴딴한 군대였던 이

유 중의 하나다. 그 작은 원정사를 둘러보는 데 시간이 꽤 걸렸다. 도와준 중국 노인들과 한담을 나누다 보니 해가 넘어갔다. 발걸음을 채근해 섭현으로 돌아왔다.

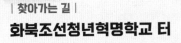

| 찾아가는 길 |
화북조선청년혁명학교 터

주소는 하북성 섭현 섭성진 중원촌(河北省 涉县 涉城镇 中原村)이다. 화
북조선청년혁명학교 옛터라고 국외 독립운동 유적 자료 사이트에
소개되어 있다. 마을에 들어가 원정사를 찾는 것이 빠르다. 평소에
는 잠겨 있기 때문에 연락하고 가는 것이 좋다. 답사단의 일원으로
찾을 때는 문제가 없지만 개인이 들를 때는 애를 먹을 수가 있다.
그럴 경우를 대비해 관리인 연락처를 입구에 명기해놓으면 어떨까
하는 생각이 들었다. 대체로 마을 주민 중 몇몇이 열쇠를 가지고
있는 듯했다. 한국인이 서성대면서 물어보면 누군가 친절하게 열
쇠 꾸러미를 들고 나타날 확률이 있긴 하다.

[13]

사람들에게 깊은 인상을 남긴 호가장 전투

호가장 전투 항일열사 기념비

● ● 석가장石家庄, 싀좌쟝 – 호가장胡家庄, 후지아쟝

SBS에서 방송된 〈조선의용군 최후의 분대장 김학철〉이라는 다큐멘터리가 있다. 김학철도 황하를 넘어 북상한 조선의용군 대원이었다. 태항산 부근에서 일본군과의 전투 도중 다리에 부상을 입고 체포됐다. 일본군의 회유와 치료를 거부한 탓에 상처에서 구더기가 끓었다. 그러나 그는 끝끝내 전향서를 쓰지 않았고 결국 다리를 절단했다. 해방되고 나서야 풀려난 그는 평생을 외발로 살았다.

| 김학철 |
일본군과의 전투 도중 다리에
부상을 입고 체포되었으나 끝까지
치료를 거부해 결국 다리를 절단했다.
'조선의용군 마지막 분대장'이라
불리는 인물.

중국 연변에서 생을 마감할 때도 외발이었다. 그 전투가 호가장 전
투다. 4명의 조선의용군이 이 전투에서 전사했다.

호가장胡家庄, 후지아좡은 석가장시 근처의 농촌이다. 석가장石家庄, 스좌좡
은 하북성의 성도다. 하북성은 중국의 손꼽히는 공업지역으로 개발
되면서 겨울이면 스모그가 극심한 지역으로도 유명하다. 실제 겨울
에 스모그가 심할 때는 미세먼지 농도가 살인과 동의어가 될 정도
로 치솟는다. 밤에 거리에 나가면 뿌연 가로등에 운전이 힘들 정도
로 가시거리가 좁아진다. 그래도 산서성과 함께 태항산을 품고 있
어 최근에는 관광지로 알려지고 있다. 전세기도 운항을 시작했다.

시내에는 화북혁명전쟁기념관이 있다. 노먼 베쑨Norman Bethune의 기
념공원이 있는 곳이다. 베쑨은 푸른 눈의 서양 의사로, 스페인 전

쟁에 참여했고 중국으로 건너와 혁명전쟁을 함께했다. 중국인들이 그를 기리기 위해 기념관 왼쪽에 따로 공원을 만들어줬다. 기념관에 들어가면 국공내전부터 항일 전쟁에 이르기까지 공산당과 팔로군의 자료들이 방문객을 반긴다. 특히 조각상이 많은데, 표정은 세밀하고 동작이 비장하다. 전시관마다 자료들이 넘쳐난다. 그 한편에 조선의용군의 흔적도 있다. 국제우인國際友人라는 제목 밑이다. 군사 간부를 배출하던 학교라는 설명과 함께 사진 한 장이 있다. 남장촌에 있던 조선혁명군정학교다.

호가장으로 길을 옮겼다. 바이두 지도에는 30킬로미터로 나온다. 마을 입구에서 김학철, 김사량의 문학비를 발견할 수 있었다. 김학철은 이곳에서 다리를 잃었고, 김사량은 학도병으로 끌려왔다가 탈출해 의용군에 가담했다. 그 과정을 《노마만리》라는 소설로도 남겼다. 둘 모두 당시를 회고하는 글을 여럿 남겼다. 김학철의 문학비 뒤쪽에는 '밤소나기 퍼붓는 령마루에서 래일 솟을 태양을 우리는 본다', 김사량의 비 뒤로는 '이십구 용사가 서로 엄호해가며 내달려 올라가 진지를 잡았다는 호사산은 말이 없고 이끼 앉은 바위 위에는 낙엽만이 쌓여 있었다'는 글귀가 있다. 두 작가의 글에서 인용했다. 그들이 기록을 남겼기 때문에 훗날 조선의용군이 역사에 묻히지 않고 조금이라도 더 전해질 수 있었다.

태항산으로 진출한 조선의용군은 부대를 정비하자 본격적인 활동을 전개했다. 무장 선전활동에 주력하면서 일본군을 교란하는 작전도 수행했다. 일본군 주둔지를 기습하고 통신선을 끊었다. 일본군이 주로 오가는 길도 파괴했다. 당시 조선의용군의 활약을 기록한 자료에 상세히 남아 있다. 화북지대 제1지대는 1941년 11월 28일부터 30일까지 팔로군과 함께 일어 전단 4,620매, 중국어 전단 80매를 살포하고 전선 300근을 끊어왔다. 12월 20일에는 민간인 80명을 동원해 일본군 주둔지 공로를 파괴하고 민간인의 협조를 얻어 전단 4,000매를 살포했다. 제2지대는 1941년 12월 9일 일본군 주둔기지 200미터 앞까지 접근해 일본군의 죄악을 꾸짖는 선전전을 벌었다.

당시 호가장은 일본군과 마주한 최전선이었다. 태항산에 자리 잡은 팔로군 129사단과 조선의용군은 최전방인 이곳에 대원들을 파견해 주민들과 함께 근거지를 만드는 공작을 펼쳤다. 일본어에 능통한 의용군들은 메가폰을 이용해 일본말과 조선말로 의용군에 가담할 것을 권유했다. 위험을 무릅쓰고 일본군 참호 바로 앞에까지 가곤 했다.

어느 날은 여느 때처럼 마을에 들어와 주민들을 상대로 선전 활동을 하기 위해 원씨현으로 이동했다. 민중대회를 개최하기로 했기 때문이었다. 하지만 일본군은 호락호락하지 않았다. 의용군의 이동을 세밀하게 살피고 있었다. 그리고 밀정의 보고를 받은 일본군이 기습했다. 민중대회를 개최하기로 한 날 새벽이었다. 총성이 울렸을 때 일본군은 이미 마을 앞 800미터 밖까지 진출해 마을을 에워싸고 있었다. 29명의 대원이 포위를 뚫기 위해 치열한 전투를 벌였다. 일본군은 의용군의 열 배인 300여 명이었다. 짐은 고사하고 총을 들고 뛸 여유도 없었다.

수적으로 우세한 일본군이 총탄을 퍼부었다. 탄알이 떨어진 의용군 손일봉이 수류탄을 품고 적들에게 뛰어들어 시간을 벌었다. 작렬하는 폭발음이 크게 들렸다. 손열사와 일본군 8명이 단번에 죽었다. 박철동과 한청도 열사는 맨몸으로 육박전을 하다가 일본군의 칼과 창에 쓰러졌다. 공방전 끝에 적군 수십 명을 사살하고 본대로 철수하는 데 성공했다. 4명이 전사했고, 김학철은 부상을 입고 포로가 됐다. 대장 김세일도 중상을 입었고, 소식을 듣고 지원하러 왔던 팔로군도 12명이 전사했다. 김세일은 목숨은 건졌지만 결국 팔 하나를 잃었다. 주민들이 숨진 의용군 4인의 시신을 수습해 이곳에 묻었다가 황북평촌으로 이장했다. 마을 뒤로 가면 골짜기 너머 뒷산으로 향하는 작은 오솔길이 있다. 한 블로그에 이 길을 따라 의용군이 룡팔채라는 곳으로 철수했다는 마을 주민의 증언이 남아 있나.

일본군의 피해는 애초 준비한 토벌대답지 않게 컸다. 18명이 죽고 32명이 다쳤다. 피해를 입은 일본군이 진격을 멈추면서 팔로군 가족 수천 명의 목숨을 건졌다. 이 전투를 높이 평가한 팔로군은 죽은 의용군 대원들을 위한 추도대회를 열고 팔로군 지역 소학교에서 이 내용을 가르치도록 했다.

조선의용군은 호가장 전투 이전까지는 무장 선전대로의 성격이 강했다. 중국 국민당 정부가 엄격하게 통제하기도 했고, 국민당 군 자체가 일본과의 교전을 꺼려서 전투에 참여할 기회도 많지 않았기 때문이다. 하지만 호가장 전투가 분기점이 됐다. 수천이 전사한 전투도 아니고 수십만이 학살당한 전투도 아니었지만, 호가장 전투는 중국 민중과 팔로군에게 깊은 인상을 남겼다. 목숨을 걸고 의용군과 팔로군 주력의 길을 터주던 대원들의 헌신이 입에서 입으로 회자됐다. 의용군의 이름이 각인되기 시작했다. 실전을 예비하고 끊임없이 군사 교육을 소홀히 하지 않았기 때문에 가능한 일이었다. 대원들의 자질이 우수했던 터라 실전에서 물러서거나 움츠리는 일도 적었다.

그날의 기억이 당대의 글로도 남고 후대의 글로도 남았다. 김학철과 김사량 두 의용군 전사의 문학비 사이에는 노랗고 빨간 색의

| 호가장 전투 항일열사 기념비 | 호가장 전투는 중국 민중과 팔로군에게 깊은 인상을 남겼다.

돌 비석이 하나 누워 있다. 중국연변작가협회, 한국실천문학사가
2005년에 글을 썼다.

> "어둑한 골짜기 자욱한 총소리, 그날 조선의용군 네 전사, 이
> 보리밭 머리에, 태항산의 돌을 깎아 비를 세우노라."

산과 들은 그날과 변함이 없다. 흐르는 내도 여전하다. 후대가 추
모한 글 몇 자가 남아 그날을 기억하고 새기고 있다.

호가장 전투 항일열사 기념비

주소는 하북성 석가장시 원씨현 흑수하향 호가장촌(河北省 石家庄市 元氏县 黑水河乡 胡家庄村)이다. 석가장에서 택시나 디디추싱을 이용하면 150위안 안팎을 요구한다. 호가장에서 전사한 의용군 대원들은 인근 황북평촌에 매장됐다. 만약 호가장과 황북평촌 두 곳을 둘러보려면 하루를 잡아야 한다. 왕복 요금은 네 명의 기사에게 물어봤는데 400~450위안을 요구한다. 중국어가 능통하다면 더 저렴한 가격에 흥정이 가능할 듯하다. 마을 주민들은 여느 곳과 마찬가지로 한국 사람에게 호의적이고 하나라도 더 알려주려고 한다. 호가장에서 만난 마을 주민도 조선 사람들이 머무르던 집이라고 들었다며 흙집을 알려줬다. 군데군데 아직 이런 흙집들이 남아 있다.

호가장 전투에서 부상을 입고 체포되어 일제의 감옥에서 해방을 맞은 김학철 선생은 이미 작고하셨지만 아들 김해양 씨가 한국을 오가며 선대를 기리는 활동을 활발히 하고 있다. 답사팀에게서 연락이 오면 시간을 내 태항산 일대를 동행하는 것을 꺼리지 않으신다. 동행하면 오가는 길도 경관이 수려한 곳으로 골라서 다녀주신다고 한다. 혹 단체로 답사를 계획하고 있는 팀이 있다면 김해양 씨에게 연락해볼 것을 추천한다.

4인의 열사를
기억해야 하는 이유

황북평촌 호가장 전투 전사자 묘지

● ● 석가장石家庄, 식좌장 – 황북평촌黃北坪村, 황베이핑춘

호가장 전투는 조선의용군에게 일대 전환이었다. 무장 선전대로서의 성격이 강했던 의용군이 전투 역량 역시 만만치 않음을 입증한 것이다. 일찍이 팔로군의 지휘부는 조선의용군의 자질을 높이 평가하고 있었다.

"그들은 조선이 나라를 잃은 수십 년 동안 혁명가 가문에서 성장했다. 그들의 아버지를 따라 끊임없이 혁명적 감정을 배웠나. 그들

의 신체는 건장했다. 생활의 어려움을 극복해왔으며 희생을 두려워하지 않았고 결단력이 뛰어났다. 또한, 그들은 중국어는 물론 조선어, 일본어를 모두 알고 있었다."

호가장 전투는 높이 평가받던 조선의용군의 실력을 안팎으로 입증한 전투였다. 의용군은 열 배가 넘는 일본군의 기습 속에서도 침착하게 대오를 보위하며 후퇴했다.

하지만 호가장 전투에서 조선 청년 네 명이 전사했다. 총알이 떨어지자 수류탄을 들고 적진으로 뛰어들었다. 조금이라도 동료들에게 시간을 벌어주기 위해서였다. 그들의 희생으로 다른 의용군과 팔로군이 안전하게 철수할 수 있었다. 전투가 끝난 후 다시 마을을 찾은 전사들과 주민들이 함께 시신을 수습했다. 이들의 유해는 호가장에 매장되었다가 황북평黃北坪, 황베이핑으로 옮겨졌다. 1941년 전우를 잃은 의용군 대원과 중국 동료들이 모여 장례식을 치렀다. 4인의 열사 묘역이 아직 현지에 남아 있다.

황북평은 찬황현贊皇县에 있는 마을이다. 호가장보다는 석가장시에서 조금 더 떨어져 있다. 대략 100킬로미터 정도고 구불구불한 시골 길인데다가 길에 널브러져 있는 트럭들이 많아 두어 시간 정도 걸린다. 마을 입구에 황북평이라는 글자가 돌에 크게 쓰여 있다. 그 옆으로 '혁명노취革命老区'라는 글자도 보인다. '오래된 혁명의 고

| 황북평 입구 | 구불구불한 시골 길인데다 길에 널브러져 있는 트럭들이 많아 진입이 쉽지
않다.

장'이라는 뜻이다. 답사를 다니며 한두 번 느낀 것이 아니지만, 중
국인들에게 항일의 역사는 승리의 역사다. 대장정이라는 이름으로
도망치면서 궤멸 위기에 몰렸던 공산당이 마침내 국민당을 몰아내
고 대륙의 패자가 된 바탕에는 항일을 주도했다는 중국 민중들의
신뢰가 있었다. 그러니 당연히 그 역사를 기리고 보존한다. 이 시골
깡촌 마을 사람들에게도 당시의 대일항쟁이 아직 살아 있는 자부
심이라는 얘기다.

표지석을 지나 하천을 건너야 마을로 들어갈 수 있다. 마을로 들
어서면 중국의 여느 시골 마을에 들어갈 때 긴긴이 볼 수 있었던

야외 소극장 형태의 건물이 보인다. 군중집회가 일상이던 시절의 흔적이다. 중앙에 붉은 별이 강렬하다. 문화대혁명 때는 무척 살벌한 곳이었을 테지만 지금은 수확한 옥수수를 말리기에 제격인 곳이다. 홍위병들이 부모와 선생을 무릎 꿇리고 자아비판을 강요하던 그 넓고 판판한 무대에 옥수수가 한가득이다. 그리고 보니 집 옥상마다 널어놓은 옥수수로 덮여 멀리서 보면 마을에 노란 단풍물이 든 것처럼 보인다. 골목 어귀마다 그렇게 말린 옥수수를 차곡차곡 쌓아놓고 배추로 덮어놓은 것이 우리네 시골 같은 정취가 느껴졌다.

네 열사의 묘역은 마을에 들어가 왼쪽으로 올라가야 한다. 표지가 따로 없어 주민들에게 물어물어 찾아가야 하는데, "총라이한궈(저는 한국에서 왔습니다)"라고만 해도 친절하게 손짓해가며 알려준다. 알려준 곳으로 가는데 염소가 튀어나와서 흠칫 놀랐다. 닭이 종종거리며 그 옆을 뛰어가고, 길옆에 만들어놓은 돼지우리에서 꿀꿀거리는 소리가 요란하다. 전형적인 중국의 시골 농촌 모습이다. 열사들의 흔적은 돼지우리 옆으로 올라가는 길을 자갈로 잘 포장해놔서 쉽게 찾을 수 있었다.

자갈길을 조금만 올라가면 정자가 보인다. 그 앞이 묘역이다. 뒤로 야트막한 산이 포근하다. 섭현과 좌권현 일대의 태항산 줄기와

┃ 호가장 전투 4인의 열사 묘비 ┃ 왼쪽부터 박철동, 손일봉, 이정순, 최철호 열사의 묘가 보인다.

는 사뭇 다른 느낌이다. 높지도 않고 거칠지도 않다. 완만한 구릉이 넓게 뻗어 있는데 그 끝자락을 따라 마을이 들어서 있다. 비석이 두 개 보인다. 모두 뜻있는 한국인들과 국가보훈처의 지원으로 세워진 순국선열기념비다. 기념비 뒤로 4인의 열사 묘가 보인다.

왼쪽부터 박철동, 손일봉, 이정순, 최철호 열사의 묘다. 묘비에 새겨진 이름은 여러 개다. 최철호 열사의 이름 옆으로 한청도, 한성도, 최명근이 작게 새겨져 있다. 최열사가 사용했던 가명이다. 엄혹한 시기, 수시로 쫓겨 다니다 보니 이름을 여러 개 사용하는 것은 보안을 위해 당연한 일이었다. 일제가 내건 몇 푼 안 되는 돈에

눈이 먼 밀정들이 기를 쓰고 달려드니 제 이름으로 불릴 새가 없었다. 죽은 후에야 본명을 찾은 독립군들이 허다했다.

묘비 뒤에는 각 열사들의 이력이 자세히 나와 있었다. 짧게 옮겨 본다. 박철동 열사는 1915년 충북에서 태어났다. 충주에서 학생운동에 참여했다가 중국으로 망명했다. 중국에서 일경에게 체포되어 일본에서 옥살이를 했다. 고향으로 돌아왔다가 경찰의 감시를 피해 다시 중국으로 탈출했다. 조선청년들을 모아 반일 활동을 했고 호가장에서 전사했다.

손일봉 열사는 1912년 평북 의주에서 태어났다. 중국으로 건너와서는 상해에서 밀정을 제거하는 활동을 했다. 윤봉길 의사가 상해 홍구 공원에서 폭탄을 던질 때 공모했던 동료였다. 조선의용대 화북지대 선임관으로 호가장에서 적후 공작을 하던 도중 전사했다.

이정순 열사는 1918년 평안북도 벽동에서 태어났다. 가명은 왕현순이다. 의열단에서 활동했다. 의열단 중앙당과의 연결 업무였다. 중앙육군군관학교 특별훈련반에서 교육을 받았다. 적 후방에 침투해 일본군 코앞에서 선전했고 유격전을 전개했다. 역시 호가장 전투에서 일본군과 교전 중 순국했다.

최철호 열사는 1915년 대전에서 태어났다. 중국으로 건너와 조선의용군에 가입한 후 일본군에 맞선 선전사업에 종사했다. 서안의 조선의용대 판사처 주임을 역임했고 앞선 열사들과 함께 순국했다.

비석의 글귀가 모두 역사다. 이름도 없이 산과 들에 묻힌 독립군들이 허다했으니 유해라도 수습한 것이 어쩌면 천운인지도 모른다. 해마다 한국인들이 방문한다고 주민이 말했다. 묘비 앞에는 모조 중국 지폐 100위안이 자갈 밑에 놓여 있었다. 그래도 염원하던 독립된 조국의 후대들이 매년 찾아와 술이라도 부어주니 다행이다.

미국 영화를 보면 전투에서 전사한 동료의 시신을 어떻게든 수습해 함께 귀국하려는 전우들의 모습을 볼 수 있다. 시체를 질질 끌며 쏟아지는 적의 총탄을 받아내던 병사가 쓰러지면 또 다른 전우가 어디선가 나타나 유해라도 조국으로 돌아갈 수 있게끔 기를 쓰고 끌고 간다. 실제로 미국은 전투에서 사망한 자국 병사들의 유해를 발굴하는 데 막대한 돈을 쏟아붓고 있다. 가끔 뉴스에 북한에 묻혀 있던 미군 병사의 유해를 송환하기로 협상한다는 기사가 보인다. 60년도 넘은 세월을 아랑곳하지 않고 산과 흙을 파헤쳐 약간의 흔적이라도 발굴해 분석하는 이유는 단 하나, '조국은 당신을 잊지 않는다'는 메시지다. 미국이 지금 세계를 주도하는 국가인 까닭이다. 국격은 여기에 있다.

묘역을 둘러보고 니오는 길은 들어올 때와 마찬가지로 평화로운

| 황북평 마을 주민들 모습

농촌의 일상이었다. 마을 사람들이 모여 호두를 까고 있었다. 골목 곳곳이 호두 껍질로 수북했다. 아직 우물도 남아 있다. 여전히 사용 중이다. 일본군이 수색을 나오면 중국인 집에도 숨고 저 우물에도 숨었다는 글을 읽은 적이 있다. 마을에 생필품을 파는 트럭이 들어왔다. 신발과 옷가지부터 과일 같은 먹거리까지 없는 것이 없었다. 만물 트럭이다. 아이들이 귤 몇 개를 까서 먹으며 환하게 웃으며 뛰어다녔다. 이 평범한 일상을 얻기 위해 누가 어떤 희생을 치렀는지는 묘역에 올라가 보면 알 수 있다. 그분들이 그렇게 굽어보고 있다.

| 찾아가는 길 |

황북평촌 호가장 전투 전사자 묘지

주소는 하북성 찬황현 황북평촌(河北省 贊皇县 黃北坪村)이다. 황북평
촌이 있고 황북평향이 있다. 향은 한 단계 위의 행정단위다. 공안이
라고 쓰여 있는 파출소가 있는 곳이 황북평향이다. 그곳에서 1킬
로미터쯤 떨어진 곳이 황북평촌이다.

[15]

중국 승리의 역사에서
우리의 역사를 만나다

팔로군 총사령부

●● 태항산^{太行山, 타이항샨} – 마전^{麻田, 마티엔}

섭현에서 30킬로미터 남짓 떨어진 곳에 마전진이 있다. 행정구
역으로는 산서성 좌권현이다. 항일 전쟁에서 전사한 좌권 장군의
이름을 기념해 현의 이름을 바꿨다. 이 깊숙한 산골짜기가 중일전
쟁의 최전선이 되었다. 한반도와 만주를 집어삼킨 일본의 다음 타
깃은 모두 예상한 대로 대륙이었다. 도요토미 히데요시가 명나라
로 가는 길을 빌려달라고 했던 1592년 이래 열도의 오랜 숙원이기

도 했다. 1937년 북경 인근의 노구교에서 시작한 전쟁은 삽시간에 대륙 전역으로 번졌다. 장개석의 국민당은 전선에서 밀리며 철수를 거듭했다. 소극적 저항과 전력의 보존을 내세웠다. 그 빈자리를 모택동의 공산당이 대신했다. 중국 공산당의 팔로군은 곳곳에 근거지를 만들어 항일을 기치로 중국 민중의 단결을 호소했다. 후방을 교란하고 전선을 선동했다. 빨리 진격을 거듭해야 할 일본군 입장에서 보면 눈엣가시가 따로 없었다. 마침내 일본군은 팔로군을 뿌리 뽑기로 결정했다.

1942년 일본군은 이곳에 대대적인 공격을 가했다. 전투기와 전차까지 동원한 총력전이었다. 마전麻田, 마티엔에는 팔로군 총부가 있었다. 전방 야전군의 총사령부다. 화력에서 압도적인 일본군의 공세에 팔로군은 퇴각조차 목숨을 걸어야 할 정도로 수세에 몰렸다. 당시 자료에 이때 일본군이 동원한 물량과 전력이 기록으로 남아 있다. 일본군 북지파견군이 주력이었다. 그들 스스로 소탕전이라고 불렀다. 소탕에 저항해야 했으니 팔로군 입장에서 보면 반소탕전이 된다. 1942년 2월에 1차 소탕전이 있었다. 동원된 일본군 병력은 4만여 명이었다. 3월 말에 끝난 1차 소탕전에 이어 5월부터 2차 소탕전이 시작됐다. 이때 일본군은 20개 사단에 이르는 대병력을 동원했다.

만주에서도 일본군은 중국과 조선인 항일 전사들을 토끼몰이하듯이 몰았다. 추운 겨울에 우세한 화력으로 밀어부쳤고 항일 빨치산을 철저히 민간과 고립시켰다. 수만에 달하던 동북항일연군은 총사령관 양정우까지 전사하는 등 괴멸에 가까운 피해를 봤다. 겨우 살아남은 이들이 소련 국경을 넘어 철수했다. 소련땅에서 전력을 수습했을 때의 대오는 몇백을 넘지 못했다.

따지고 보면 소탕과 토벌은 침략군의 전매특허다. 일본은 한국을 먹어치우기 전 남한대토벌이라는 이름으로 우리 의병들을 몰았다. 잡히면 목을 베고, 숨으면 가족을 찾아 숨은 곳을 물었다. 그리고 대답의 여부와 상관없이 모두 목을 벴다. 그래도 살아남아 이기는 것은 쫓기던 쪽이다. 끈질기게 살아남은 이들을 통해 그 험난했던 여정은 묻히지 않고 구전되고 기록으로 남는다. 그래서 우리는 역사의 가혹함에 한숨을 쉬면서도 희망을 놓지 않는다.

2차 소탕전 때 마전에 있는 팔로군 총사령부도 일본군 대포의 사정권에 들어갔다. 마전에 포탄이 떨어지자 팔로군은 철수를 결정했다. 그러나 철수도 전투였다. 조선의용군의 윤세주, 진광화 열사가 전사한 것이 이 전투였다. 마전에 팔로군의 여러 유적과 기념관이 남아 있다. 의용군의 직접적인 유적지는 아니지만 워낙에 근거리에 몰려 있어 시간을 내 찾아가 볼 만하다.

┃팔로군 기념관 ┃ 당시 팔로군이 먹고 입고 쓰던 것부터 전투에 사용하던 무기까지 가지런
히 정리되어 있다.

총사령부가 있던 곳은 큰 건물이라 쉽게 찾을 수 있었다. 도로를
달리다 보면 계속 안내 표지판이 나오니 초행이라도 별걱정이 없
다. 기념관이 있고 그 대각선 맞은편으로 조금 더 가면 옛 팔로군
총부로 쓰던 건물이 잘 보존되어 있다. 기념관을 먼저 찾았다. 당시
팔로군이 먹고 입고 쓰던 것부터 시작해 전투에 사용하던 무기까
지 가지런히 정리되어 있었다. 용산에 있는 우리 전쟁기념박물관
을 떠올리면 비슷하다. 이들에게 항일의 역사는 중국 공산당의 뿌
리다. 결국, 항일이라는 명분으로 민심을 얻었기 때문에 장개석을
대만으로 쫓아내고 대륙을 차지힐 수 있었다. 승리의 역사이니 사

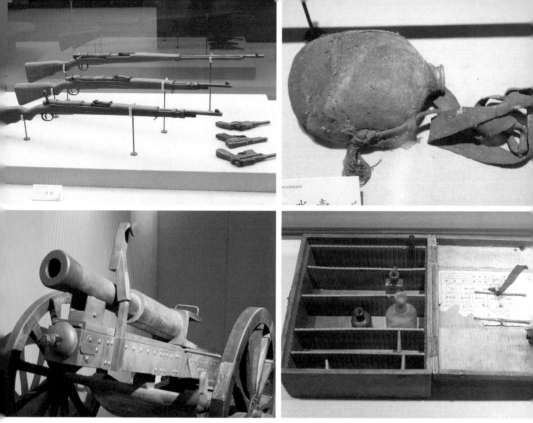

| 팔로군 기념관 내부에 진열된 당시 무기와 물건들

랑하는 것이 당연하다. 어쩌면 북경에서 멀리 떨어진 일개 시골의
기념관에 불과한데도 그 규모나 잘 정비된 유적 소품들의 규모는
부족함이 없었다. 물론 이렇게 한 데에는 선전과 교육이라는 목표
가 있을 테다. 학생들과 청년공산당원들은 이곳을 순례지처럼 찾
으면서 그때 선대의 투쟁과 당의 지도를 학습한다. 그 덕을 우리가
보고 있음은 부인할 수 없다.

　전시관 유리벽 넘어 수류탄은 낡아 부서질 듯했고 소총 끝자락

엔 녹이 진했다. 무기 옆으로 훗날 당시 전투를 묘사한 그림이 있었다. 곤궁한 그들의 무기는 그 속에서 빛이 난다. 도망조차 힘들 정도로 수세에 몰렸던 전사들은 그림에서 일본군을 기세등등하게 몰아붙이고 있었다. 결국 이겼으니 가능한 일이다.

그 전사들 중 조선의용군을 빼놓을 수 없다. 기념관 한쪽으로 제6부분이라는 명패와 함께 '국제우의'라고 쓰여 있는 벽면이 있다. 1층 입구에 들어서면 바로 오른쪽이다. 공산당은 조선의용군을 통해 그들의 국제적 연대를 과시하는 효과를 누렸다. 물론 전투와 선전에서 조선의용군이 보여준 역량도 탁월했다. 몇몇 일본인과 서양인이 팔로군에서 활동하긴 했지만 조선인들에 비할 바는 못됐다. 항일 전쟁이 일본의 항복 선언으로 끝나고 만주에서 장개석 군대를 몰아낼 수 있었던 배경에는 조선의용군을 비롯한 만주지역 조선인들의 절대적인 지지가 있었다. 지금 중국 공산당이 북한을 놓지 못하는 이유를 파고들다 보면 의용군까지 거슬러 올라간다. 이 역사를 모르거나 무시하고 중국을 대북 정책에 활용하겠다는 일부 한국 전문가들의 태도를 볼 때면 고개를 갸우뚱하게 된다.

기념관에는 당시 의용군의 주둔지와 1944년 6월 하순으로 기록된 조선사병대표회의 사진도 있다. 1944년이면 일본의 패망이 어느 정도 예상되던 때다. 이들은 알고 있었을까? 영화 〈암살〉에서 기억나는 장면이 있다. 일본이 미국에게 항복 선언을 하고 서명을 하는 순간에 임시정부 독립투사들은 이렇게 외치고 있었다.

"집에 가자. 집에 가자. 집에 가자!"

아마 의용군 전사들도 마찬가지였을 게다. "집에 가자." 팔로군 전사들도 마찬가지였을 테다. 부모와 배우자, 자식이 기다리는 집으로 가자. 그 간절함이 없었다면 지금의 이 기념관도 없었다. 일본군이 팔로군과 의용군을 소탕한 기념관이 들어섰을지도 모른다.

맞은편에는 마전 팔로군 총부 구지라는 팻말과 비석이 위풍당당하다. 그리고 당시 사령부와 주거지로 쓰던 가옥들을 보존해놨다. 여행객들을 위한 안내센터가 있어 내부를 구경할 수 있었다. 민속촌 같아 보이는 옛 가옥들이 모두 기라성 같던 팔로군 최고 지도부가 살던 곳이거나 업무를 보던 곳이다. 집 내부를 볼 수 있게 해놓은 곳도 있었다. 가옥 사이의 골목은 미로 같았는데, 미로를 돌아 빠져나오니 태항산이 거인처럼 우뚝 솟아 있다. 그러고 보니 마전으로 들어오는 길은 포장도로임에도 비좁고 구불거렸다. 험한 산세에 의지해 터를 잡았다는 것이 실감 났다. 전쟁에는 문외한인 이국의 답사객이지만 이곳이 최전방 야전군 사령부로 손색이 없다는 생각이 절로 들었다.

멀지 않은 곳에 팔로군 129사단 옛터도 있다. 중일전쟁 이후 공산당은 주덕과 팽덕회가 지휘하던 팔로군 삼만여 명을 세 개의 사단으로 재편성했다. 그중 하나가 129사단이다. 사단장이 유백승, 정치위원이 등소평이었기 때문에 '유등의 군대'라고 불리는데, 병사들의 모습을 재현해놓은 조각 군상이 웅장한 곳이다. 지나가는 길에 본 입구는 뭔가 다시 단장하는지 공사가 한창이었다. 공사가 마무리되면 또 인상적인 무엇이 들어설지 궁금했다. 태항산 자락 곳곳이 승리의 역사다. 동시에 우리의 역사이기도 하다.

| 찾아가는 길 |

팔로군 총사령부

바이두 맵에 마전 팔로군(麻田 八路軍)을 검색하면 바로 나온다. 달리는 길에서 잊을 만하면 표지판이 나오기 때문에 길을 잃을 염려가 없다. 섭현에서 마전으로 들어가다 보면 왼쪽에 웅장한 기념관이 보이고, 바로 그 옆이 팔로군 총사령부가 있던 곳이다.

16

총을 메고
조선의용군을
찾아오시오

운두저촌 조선의용군 주둔지

● ● 태항산太行山, 타이항샨 - 운두저촌云头底村, 윈토우디춘

마전에서 팔로군 총사령부 유적지와 기념관을 둘러본 후 운두저
촌云头底村, 윈토우디춘을 가려고 내비게이션을 찍어보니 1시간이 넘게 걸
린다. 지도를 보니 마전 바로 옆인데 도무지 이상했다. 안내인이 없
는 초행에 중국어도 서투른지라 조금만 어긋나도 긴장되었다. 더
구나 휴대폰 화면에는 G가 뜬다. 3G도 아니고 그냥 G다. 바이두
지노를 소금만 다르게 섬색해도 화년이 벅통이 된다. 결국, 시노

| 운두저촌 입구 | 조선의용군 주둔지 표지 |

를 보고 찾아가기로 했다. 그리고 바로 이유를 알 수 있었다. 기계
는 거짓말을 하지 않는다. 내비게이션이 돌아가라는 이유가 있었
다. 폭이 좁은 하천을 건너면 운두저촌인데 다리가 없었다. 오토바
이 하나 건널 만한 임시 교각이 전부였다. 할 수 없이 차를 앞에 세
우고 내려서 걸었다. 아마 반대편 좌권현 쪽에서는 차로 들어올 수
있는 큰길이 있을 것이다.

오토바이로 다리를 건너는 시골의 노인을 따라 다리를 건너자마
자 운두저촌이라는 팻말이 보였다. 그 밑에 '조선의용군 화북지대
주둔지'라는 글귀가 뚜렷했다. 이렇게 반가울 수가 없었다. 마을에
들어서자 '순국선열전적비'라는 커다란 비석도 보였다. 한국과 중

국이 협조해 만든 비석이었다. 그런데 비석 주변이 좀 어수선했다. 농구대가 비석을 가리고 있고, 바닥은 잔 나뭇가지와 바람에 휩쓸리는 쓰레기로 가득했다. 마을 사람들을 탓할 노릇이 아니다. 우리가 자주 찾아 관리하는 것이 상책이다.

마을은 넓지도 좁지도 않았다. 의용군의 유적이 군데군데 흩어져 있는데 한눈에 들어오지는 않았다. 전적비 뒤로 '조선의용군 주둔지'라는 팻말을 붙인 가옥이 있었다. 열쇠로 굳게 잠겨 있지만, 문에 구멍이 커다랗게 뚫려 있어 안을 볼 수 있었다. 평범한 옛 마을 집이었다. 1985년에 좌권 인민정부가 정비했다고 쓰여 있었다. 1985년이면 아직 수교하기 전이다. 남의 손에 맡겨져 있지만 대접해야 할 만큼 큰 역할을 했다는 반증이다. 분명 마을에 관리하는 사람이 있을 테고, 사전에 연락을 취하면 열어줄 듯싶었다. 이런 시골이면 주민들의 아버지, 할아버지들과 의용군이 얽힌 기억도 있을 텐데 사전 준비와 섭외가 못내 아쉬웠다.

운두저촌을 다녀간 몇몇 답사단이 남긴 블로그에 이 집이 조선의용군을 이끌었던 무정 장군의 처소였다는 기록이 있다. 한국의 독립운동 연구자가 이 집을 샀다는 말도 있다. 집 내부의 사진도 블로그에서 찾아볼 수 있었는데, 우리 옛 시골에 있는 성황당처럼 색색의 천들로 장식된 내부가 눈에 띄있다. 마을 주민들에게 주술

적 느낌으로 남은 곳인지, 뭔가 다른 의미가 있는 것인지 모르겠다. 집 앞에는 높은 고목이 있는데, 당산나무라고 한다. 마을을 지키는 신령이 깃들어 있어 주민들이 철마다 제사를 지내는 나무다.

운두저촌은 우리말 글귀가 쓰인 담벼락 때문에 알려진 곳이다. 그곳을 찾기 위해 주둔지에서 반대편 마을 입구까지 걸었는데 찾지 못했다. 농촌 마을이라 밭에서 일하는 노인들이 많았다. 그중 한 분에게 물었다. 뭐라 뭐라 하는데 노인의 말이라 입에서 웅웅거리는 것 같기도 하고 퉁명스러운 표정에 주눅이 들어 알아듣지를 못했다. 곤란한 표정을 짓자 손짓으로 따라오란다. 지금은 도로가 나 있는 마을 입구에서 조금 더 안쪽으로 들어가자 옛 마을 입구가 나왔다. 노인 덕에 헤매지 않고 찾을 수 있었다. 분명 퉁명스러운 표

▌ 항일 표어를 쓰고 있는 조선의용군의 모습

| 우리말 선전 문구 | '조선말을 자유롭게 쓰도록 요구하자'라고 쓰여 있다.

정이었는데 이리 잘 안내해준 것을 보니 내가 아직 사람 보는 눈이 없나 보다.

예전에는 작은 성문 같았던 이층 구조물이 이제 벽은 없이 문만 남아 있었다. 그 담벼락 삼면에 우리말이 커다랗게 쓰여 있다. '왜놈의 상관을 쏴 죽이고 총을 메고 조선의용군을 찾아오시오.' 오른쪽에서 왼쪽을 향해 줄 맞춘 힘찬 글자들이 도열해 있다. '조선말을 자유롭게 쓰도록 요구하자.' 네모진 한 글자 한 글자가 뚜렷하다. 정면의 글귀는 조선의용군이라는 글귀와 조사 몇몇만 남아 있었지만, 글씨를 쓴 거친 흰색 칠의 질감이 살아 있었다.

사실 훗날 복원해서 다시 덧칠했다는 얘기를 듣긴 했다. 그렇다고 감동이 줄지는 않는다. 바다를 건너고도 대륙으로 한참 들어와야 하는 시골 깡촌이다. 운두저촌이라는 마을의 유래가 '구름도 고개를 숙이는 미을'이라는 뜻이다. 이느 정도 시골인지가 실감 나는 이름이다. 당장 북경에서 와도 맘먹고 오지 않으면 힘든 이곳에 투박하지만 힘 있는 우리말이 있다. 잘 정리된 기념관 내부에서 보던 사진과는 또 다른 뭉클함이 있었다.

카메라를 들고 기웃거리는 것이 티가 났나 보다. 힐끔힐끔 보는 주민이 많았다. 몇몇은 "나궈런(어느 나라 사람이냐?)" 하면서 물었다. "한궈런(한국인이다)"이라고 하면 대개 환하게 웃어준다. 몇몇은 손짓으로 이야기하는데, 조선의용군 유적을 말하는 듯했다. 이심전심이다. 아마 그들의 부모나 할아버지, 할머니도 그랬을 것이다. 마을에 들어온 이국 청년들, 더구나 군인이었다. 일본군이 들어오면 마을이 몰살당할지도 모르는 일이었다. 하지만 운두저촌의 촌부들은 이들에게 등돌리지 않았다. 함께 농사를 짓고 수확물을 같이 먹었다. 전투에 나간 그들의 집을 데워놓고 무사히 돌아오기를 기다렸다. 항일 전선에 나와 남이 따로 없었다. 의용군도 그들에게 존중받기에 충분한 행동으로 일관했다.

의용군과 함께 생활했던 중국 노인들의 인터뷰 자료들을 찾아보면 그들 다수를 용감하고 절도 있던 청년들로 기억하고 있었다. 먹을 것이 부족한 시대였다. 주민들에게 의존할 수는 없었을 테고 보급이라는 게 풍족할 수가 없는 전선이었다. 황무지를 개간해 감자를 심어 자급했다. 말이 좋아 황무지이지 태항산의 단단하고 커다란 돌덩이를 골라내고 뿌연 흙먼지 날리며 괭이질을 해야 하는 척박한 땅이었다. 그 땅을 일구고 마을 앞 개천에서 물고기를 잡아 끓이고 삶던 장면이 눈에 그려진다. 그럼에도 조선의용군은 마을 주민들의 신망을 얻기 위해 때론 주민들의 일도 도우며 의용군의 주둔지를 건설해나갔다.

의용군의 주된 활동이 항일 선전이었기 때문에 그들은 벽보를 쓰고 그리는 일에 능했다. 마을 입구의 우리말도 그런 선전의 일환이었다. 대륙의 조선 청년들에게 의용군의 소식이 울려 퍼지고 귀를 열어 듣던 청년들이 앞다투어 이곳 운두저촌을 찾아오는 장면을 상상하며 글을 써나갔을 그때의 의용군 장병은 누구였을지, 그는 어떻게 조국의 독립을 지켜봤을지, 운두저촌을 나오는 길에 누군지도 모르는 그 건장했을 조선 청년이 궁금해졌다.

운두저촌 조선의용군 주둔지

주소는 산서성 좌권현 마전진 운두저촌(山西省 左权县 麻田镇 云头底村)이다. 섭현에서 바이두 맵으로 검색하면 90여 킬로미터가 나온다. 직선거리의 두 배 정도 나오는데, 마전 부근에 하천을 건너는 다리가 없어 멀리 돌아가는 길을 알려주기 때문이다. 조선의용군이 주둔했던 마을들은 섭현 부근에 유적지가 많다. 한단에서 섭현까지 걸리는 시간을 고려하면 섭현 시내에 있는 호텔에 투숙하면서 찾아다니는 것을 권할 만하다. 3성, 4성급 호텔이 각 하나씩 있고 시골이라 200위안 안팎으로 저렴하다. 물론 우리 3성, 4성을 생각하면 안 되지만 깔끔한 편이다. 호텔은 중국 여행 사이트인 씨트립(Ctrip) 앱을 스마트폰에 다운받은 후 예약하면 편하고 가끔 싼 가격의 방도 찾을 수 있다.

17

조선의용군의
큰 별이 지다

석정 윤세주가 전사한 장자령

● ● 태항산^{太行山, 타이항산} – 장자령^{庄子岭, 쟝즈링}

1942년 마전에 위치한 팔로군 총사령부에 일본군 대포 소리가 들리기 시작했다. 운두저촌의 조선의용군도 퇴각명령을 받고 급하게 짐을 쌌다. 이곳에는 백여 명의 무장 병력 외에 십여 명이 넘는 여성대원들과 가족들도 있었다. 팔로군은 물론 의용군도 지휘부와 전 병력이 철수할 때까지 고지를 사수하는 것이 중요했다. 팔로군과 조선의용군 일부 병력이 요문구 골짜기 서쪽과 동쪽 산머리에

179

올라 일본군을 저지하며 비무장 병력이 철수할 시간을 벌었다.

이 전투 도중 십자령에서 팔로군 부참모장 좌권이 전사했다. 좌권은 팔로군에서도 손꼽히는 인재였다. 인물이 많다는 공산당에서도 논리정연하고 냉철하기로 손꼽는 지휘관이었다. 전쟁이 끝나고 대륙을 장악한 동료들은 십자령을 좌권령으로 이름을 바꿨다. 행정 구역도 좌권현으로 이름을 바꿔 그의 희생 덕분에 살아난 미안함을 기렸다.

십자령 정상에 오르면 좌권 장군 기념비와 정자가 있다. 그 정상에서 태항산의 험한 산세를 조망할 수 있다. 인터넷에서 검색하다 보면 간혹 천계산 십자령, 하남성 안양시 임주 십자령 등을 조선의용군의 격전지로 답사했다는 기사와 답사 글을 볼 수 있다. 십자령은 흔한 이름이다 보니 바이두 지도에서 십자령으로 검색하면 10여 개가 넘는 곳이 나온다. 그래서 범한 실수가 아닌가 한다. 좌권이 전사한 십자령은 좌권령으로 찾아야 한다. 멀지 않은 곳에 십자령촌도 있고 섭현에서 좌권현으로 넘어가는 고갯마루에서도 십자령이라는 팻말을 볼 수 있지만, 기념비가 있는 곳이 중국 정부가 고증해놓은 곳이다.

십자령에 오르면 장자령庄子岭, 좡즈링을 볼 수 있다. 조선의용군 진광화, 윤세주가 전사한 곳이다. 일본군이 잠시 물러난 틈을 타 조선

｜장자령 가는길 ｜ 조선의용군 진광화, 윤세주가 전사한 곳이다.

의용군 병력 사십여 명이 5월 27일 한밤중에 화옥산으로 이동했다. 모두 네 개의 조로 나눴는데, 진광화와 윤세주의 조가 다음 날 일본군과 조우했다. 쏟아지는 총격에 진광화가 현장에서 즉사했다. 총상을 입은 윤세주는 산속으로 이동했으나 치료를 받지 못한 채로 은신해 있다가 며칠 후에 순국했다. 이때의 상황을 회고한 이가 최채다.

최채는 해방 이후 중국에 남아 연변일보를 창간하고 사장을 시냈다. 그의 회고가 독립기념관을 비롯하여 몇 군데에 인용되어 있어 짧게 옮긴다. "나는 석정 동지와 나란히 행군했습니다. 미친 듯이 총질을 하던 놈들이 내가 죽은 줄 알고 떠났습니다. 놈들이 떠나자 나는 석정이 뛰어가던 길을 따라가면서 살폈습니다. 머지않아 나는 허벅다리에 총을 맞고 쓰러진 석정을 발견했습니다. 다리에서 붉은 피가 흐르고 있었습니다. 옷을 찢어 석정을 싸매주려 하자 석정이 나를 밀치며 '그럴 새가 없소. 진광화 동지가 어떻게 되었는지 가보고 오시오. 빨리 가보오.'라고 말했습니다." 그렇게 의열단장 김원봉의 둘도 없는 동료였던 석정 윤세주가 전사했다. 그가 숨을 거둔 곳이 장자령이다.

사전에 십자령을 답사한 글은 찾을 수 있었는데 장자령에 대한 기록은 없었다. 무작정 가보기로 했다. 바이두 지도에 목적지로 장자령을 찍고 시동을 걸었다. 섭현에서 출발해 1시간을 채 못 가 태항산 줄기로 접어들었다. 길이 엉망이었다. 작은 차 두 대가 겨우 지나갈 만한 외길인가 싶더니 그나마 군데군데 포장이 끊겨 있었다. 자갈에 차가 덜컹거리는 오프로드를 몇 미터 지나면 다시 포장길이 이어지기를 반복했다. 사람 한 명 보이지 않는 길이 이어지면서 불안한 맘이 들었지만 외길이라 별 방법이 없어 그저 전진해야 했다.

| 장자령 표지판 | 험한 길로 한참을 달리자 비로소 표지판이 보였다.

　다행히 그렇게 한참을 달리자 엄청나게 큰 댐이 나타났다. '청탑 호수'라고 쓰여 있었다. 호수를 보기 위해 구경나온 몇몇 중국인들이 보였다. '장자령'이라는 표지판도 보였다. 맞게 가고 있구나 싶어 몸이 가벼워졌는데 바로 길이 다시 산길로 바뀌었다. 그때쯤 마을 사람이 차를 세웠다. 어디 가냐는 물음에 장자령이라고 하니까 이 차로는 못 올라간다며 걱정스러운 표정을 했다. 뭐라 한참을 말하는데 알아들을 수가 없었다. 근처까지 올라갈 수는 있어도 차를 돌려 내려올 수가 없다고 하는 듯했다. 중간에 길이 막혀 있다는 말도 들렸다. 바이두 지도에도 목적지는 있는데 도로 표시가 없

었다. 산길이라는 뜻이다. 장자령까지 5킬로미터 남짓 남은 곳이었다. 동행도 없는 초행길이라 할 수 없이 차를 돌려야 했다.

눈앞에 멀리 보이는 산 넘어가 장자령이란다. 특별한 유적이 남아 있는 것은 아니지만 지금도 차로 가기 힘든 저 험준한 산속 어딘가에서 윤세주 열사는 눈을 감았다. 회고에 의하면 나중에 돌아온 전우들이 그 산을 헤치고 들어가 간신히 유해를 수습했다. 뼛속까지 의열단원이었고 조선의용군의 산파였던 밀양 사람 윤세주는 결국 고향으로 돌아가지 못했다. 그가 살아 있었으면 조선의용군의 훗날 행보도 사뭇 달라졌을 것이라 보는 학자들이 있다. 그만큼 의용군 내에서 영향력이 있던 인물이었다. 하루빨리 고증해 윤세주 열사의 전사를 표시하는 작은 표지석이라도 하나 세워야 하는 것이 마땅한 우리의 숙제다.

멀리서라도 장자령을 조망하기 위해 섭현에서 상무촌으로 가는 길을 태항산맥 줄기를 넘는 경로로 잡았다. 우리 한계령, 대관령을 넘는 것 같이 몇 굽이를 셀 수 없이 돌고 도는 길이었다. 산마루에서 잠시 내려 둘러보니 그야말로 첩첩산중이었다. 산과 계곡이 끝없이 이어져 있었다. 경관은 장대하지만 그리 추천할 만한 길은 아니었다. 석탄과 돌무더기를 실은 대형 트럭들이 이동하는 길인 것 같았다. 추월이 의미가 없다. 한 대를 추월해도 그 앞에 다른 트럭이 있었다. 그 탄가루, 돌가루와 매연을 꼼짝없이 뒤집어써야 했다. 도로는 곳곳이 패어 있어 속도를 낼 수도 없었다. 조금만 속도를 내면 바로 타이어가 찢어질 것 같은 날카롭게 움푹한 곳 천지였다. 아마 트럭들의 과적이 원인일 게다. 운이 안 좋으면 트럭들이 줄지어 서 있는 가운데 갇히기도 한다. 인터넷상에서 사진으로만 보던 일을 겪었다.

한참을 엉금엉금 달리고 있는데, 앞에 트럭이 멈춰 섰다. 뒤에서 가만히 기다리는데 움직일 기미가 보이지 않았다. 뭔 일인가 싶어 차문을 열고 내려봤더니 트럭들이 줄지어 꼼짝을 안 했다. 백여 대까지 세다가 포기했다. 이렇게 도로에 갇혀서 3박 4일쯤을 보내야하나, 먹을 것은 고사하고 마실 물도 없는데, 별생각이 다 들었다. 그런데 다시 보니 다행히 트럭들이 차로 옆으로 바짝 붙여서 세워놨다. 옆으로 소형차 한 대가 지나갈 공간이 있었다. 저만치 앞으로 어떤 차가 쌩하니 빠져나가는 것이 보였다. 옳다구나 싶어 그 차를 따라 빠져나왔다. 그렇게 몇 킬로미터를 달리다 보니 사고 차량이 보였다. 사고가 있었는데 트럭이 통과할 공간이 안 나서 그렇게 줄지어 있었던 것이다. 도로에서 속절없이 밤을 지새울 뻔한 아찔한 순간이었다.

경관에 취하는 것을 방해하는 불청객이 또 있었나. 정상에서 바라본 태항산맥은 한 폭의 산수화처럼 자욱한 연기에 휩싸여 있었다. 하지만 신선이 노닐던 운치를 찾을 수 있는 구름바다라고 보기엔 의심쩍은 구석이 있었다. 그것의 정체는 스모그였다. 한반도를 공포와 짜증으로 몰아넣는 미세먼지의 본고장이 중국이다. 정취와는 다르게 가장 공기가 맑아야 할 이곳까지 스모그에 잠겨 있었다.

화북 지방을 겨울에 한번 다녀보면 정말 억소리가 난다. 봄에는 거친 흙바람이 불고 여름은 찌는 듯이 덥다. 가을은 있는 둥 마는 둥 바로 겨울로 접어들고, 겨울이 되면 북풍 아니면 스모그다. 석가장과 한단 같은 화북 도시들의 겨울은 스모그로 그야말로 유령 도시를 방불케 한다. 뿌옇고 어두운데 가로등 불빛에만 의지해서 다니다 보면 공포영화 속의 한 장면이 절로 떠오른다. 안 그래도 척박한 이 땅에서 우리 할아버지 할머니가 조국 해방의 염원을 담아 총을 들고 쟁기질을 했었는데, 시간이 지나 후대가 물어물어 찾아다니려니 어려운 점이 한둘이 아니다. 더 여럿이 자주 찾아다녀야 좀 수월해지지 싶다.

석정 윤세주가 전사한 장자령

섭현에서 바이두 맵에 장자령(庄子岭)을 검색하면 나온다. 가는 길도 만만치 않고, 가봐야 유적지나 표지석이 있는 것이 아닐 테니, 답사를 목적으로 혼자 찾는 것은 권할 만한 일은 아니다. 험한 산세에다가 도로도 제대로 없다. 길은 가까운데 화물 트럭들이 도로를 거의 점령하다시피 하고 있다. 혼자 운전하고 가다가 족히 2~3킬로미터에 걸쳐 백여 대가 넘게 늘어서 있는 트럭 사이에 갇힌 적이 있다. 현지 사정을 잘 아는 이의 안내를 받는 것이 좋을 듯하다.

[18]

오직 조선의 독립을
염원했던 사람들

조선의용군열사기념관

● ● 태항산^{太行山, 타이항산} – 석문촌^{石门村, 싀먼춘}

섭현은 한단시에서 동쪽으로 100여 킬로미터쯤 떨어져 있다. 현
은 중국의 행정단위로 지방 촌락들의 중심이다. 우리의 읍면과 비
슷하다고 보면 된다. 섭현에서 40킬로미터를 서북쪽으로 올라가면
산서성 좌권현 마전이다. 팔로군 본부가 있던 곳이다. 이곳 섭현과
마전을 중심으로 조선의용군의 흔적이 많은데, 섭현에 들어서면
그 이유를 알게 된다. 이곳은 태항산의 품에 있고 그 산맥의 줄기

를 따라 각 마을을 이루고 있다. 길옆으로 하늘을 찌를 듯 솟아 있는 거대한 돌벽과 보기만 해도 숨이 턱 막히는 아찔한 산맥의 모양새는 태항산 일대를 '동양의 그랜드캐니언'이라고 부르는 데 모자람이 없다.

석문촌은 섭현 시내에서 마전 방향으로 10킬로미터 조금 더 가야 한다. 홀로 다니는 답사인지라 차를 렌트했다. 기차와 버스를 갈아타기에는 시간이 아까웠고, 택시를 대절해 다니려니 비용이 만만치 않았다. 그래서 궁리해낸 것이 렌트카였다. 차를 몰기 위해 몇 가지 준비해야 했는데, 우선 중국 면허증을 따야 했다. 중국은 국제운전면허증이 통용되지 않아 따로 중국에서 운전면허시험을 봐야 한다. 외국 면허증이 있는 사람은 필기시험만 보면 되는데, 한국어로 시험을 볼 수 있어 편리하다. 다만 100점 만점에 90점 이상이 합격이라 문제집을 몇 번 훑어보는 수고는 들여야 한다. 불합격이면 시험장까지 왔다갔다하는 것이 번거로워서라도 한 번에 해결하는 것이 좋다. 부족한 중국어 실력에 내비게이션을 알아듣기 위해 몇 번 실습을 해봤는데, 크게 어렵지는 않았다. 내비게이션에서 나오는 외국어는 사실 간단하다. 직진, 좌회전, 과속주의 같은 특정 어구들이 반복되기 때문이다. 더구나 중국은 렌트카가 한국에 비해 싸다. 기아 K2를 빌렸는데, 하루에 보험 포함해서 160위안이있다. 전국 어디나 지점이 있는 큰 렌트카 업체를 이용하면 된다. 나는 소개를 받아 선저우 렌터카^{神州租车, 선저우쭈처}를 이용했다. 다만 빌릴 때 소형차는 보증금으로 3천 위안을 받는다는 점이 좀 불편하다. 더구나 지방도시는 비자 같은 신용카드가 안 되므로 현금으로 내거나 중국 은행 직불카드로 결제하고 나중에 돌려받아야 한다. 그런데 이 보증금을 돌려받는 데 꽤 시간이 걸린다. 그래도 스스로 운전하는 것이 가장 효율적이라는 결론을 내리고 한단에서 차를 빌려서 태항산 일대를 누볐다.

태항산이라고 호젓한 산길 드라이브를 생각하면 안 된다고 앞에서 언급했다. 한단에서 섭현으로 가는 길은 머리털 나고 처음 겪는 환경 공해의 현장이었다. ○○ 공업구라고 쓰여 있는 공장 단지들이 줄지어 있었고, 하나같이 허연 연기를 무지막지하게 토해냈다. 태항산에 접어들자마자 만난, 그 산세가 제대로 보이지 않을 정도의 안개인지 스모그인지에는 이유가 있었다. 처음에는 안개인가 싶어서 일기예보를 검색했더니 스모그를 나타내는 피엠2.5의 수치가 300을 넘었다. 스모그뿐 아니라 도로에는 25톤이 넘어가는 대형 트럭들이 가득해서 속도를 낼 수 없었다. 대부분 시커먼 석탄가루를 싣고 달리는 차량이었다. 허베이성은 중국에서 손꼽히는 석탄 산지다. 지하로 내려갈 필요도 없이 노천광에서 긁어내기만 하면 되는 석탄은 축복과 재앙의 두 얼굴을 가지고 있다. 날리는 탄가루를 마시는 대신 손에 두둑히 돈을 거머쥔다. 왜냐고 마냥 비난할 수도 없는 노릇이다. 먹고사는 문제이기 때문이다. 그들 스스로 민생의 문제라고 이야기한다. 굉음을 내며 달리는 트럭 사이에 앞뒤로 끼어 1시간 반쯤 달리고 나서야 섭현에 들어섰다.

　석문촌은 섭현 시내에서 멀지 않은 전형적인 중국의 시골마을이다. 길옆으로 드문드문 상점이 늘어서 있었다. 도로 안쪽으로 산기슭까지 집들이 모여 있었다. 이곳을 연화산이라고 부른다. 저 기슭 어딘가는 80년 전 피를 흘리며 공방을 벌이던 전쟁터였다. 조선의용군의 피도 있었다. 윤세주와 진광화 두 열사가 일본군의 추격을 뿌리치고 퇴각하다가 장렬히 순국한 장자령도 석문촌 마을의 고개를 넘고 넘어 있는 산기슭이었다. 옆 산마루인 십자령에서 팔로군 부참모장 좌권 장군도 전사했다. 일본군은 좌권 장군의 시체를 유린했다. 굳이 목을 잘라 선전했다. 동북에서도 일본군들은 항일 전쟁 투사들의 시신을 거둔 다음 목을 베 거리에 내걸었다. 윤세주, 진광화 열사의 시신은 전우들이 가까스로 수습했다.

　1942년 10월, 석문촌에서 중국 공산당 주도로 장례식을 치렀다. 팔로군 129사단 정치부에서 장례식을 준비했다. '태항의 군민, 열사들의 장례식 거행', '복수의 구호소리가 천시에 울려 퍼짐' 당시 팔로군이 발행하던 신화일보의 기사 제목이다. 팔로군 총사령관 주덕이 추모사를 읽었다. 훗날 중국 인민해방군 건군의 아버지로 불린 그 주덕이다. 정치위원은 모택동 이후 대륙의 권력을 잡은 등소평이었다. 사회주의 신중국 건설 이후 중국의 10대 원수가 된 129사단장 류백승, 야전군 정치부 주임 라서경 등 5천여 명이 장례식에 참석했다. 고락을 함께한 의용군 동지들은 눈물을 삼켰다. 그들의 희생으로 목숨을 건진 팔로군 전사들도 마찬가지였다. 주덕은 1942년 9월 20일 해방일보에 이렇게 조선의용군을 추모하는 글을 썼다.

"우리는 조선의 우수한 투사들의 희생을 몹시 애석하게 여긴다. 그러나 려명은 오래지 않아 닥쳐올 것이다. 우리는 조선의 혁명 동지들이 화북의 우리 군민과 긴밀히 단합하고 화북의 20만 조선 인민과 더 널리 단결하여 오래지 않은 앞날에 지지리 긴 밤의 어둠을 물리치고 려명의 서광을 맞아오기 위해 굳게 손잡고 용감히 적들을 무찌르며 전진하기를 희망한다."

훗날 묘는 한단의 열사능원으로 이장했지만, 처음 묘를 썼던 곳도 잘 보존되어 있다. 석문촌 태항산 기슭이라는 주소만 가지고 길

┃**조선의용군열사기념관 외경** ┃ 마을회관만 한 크기의 기념관이지만 조선의용군의 역사가
잘 정리 돼 있었다.

을 나섰기 때문에 어떻게 찾나 은근 걱정이었는데, 상점이 늘어선
도로 끝 무렵에 '항일순국열사기념관'이라는 표지판을 쉽게 찾을
수 있다. 거칠지만 잘 포장되어 있는 길을 따라 차로 1분 남짓 올라
가면 매끈한 현대적인 건축물을 볼 수 있다. 중국 항일열사들의 기
념관이다. 1942년 장례식 당시의 좌권 장군의 묘도 근방에 있다.
그 왼쪽으로 고개를 돌리면 조선의용군열사기념관이 있다.

조선의용군열사기념관은 2004년 중국 정부의 지원으로 건립되
었고, 우리 독립기념관의 지원을 받아 전시물을 잘 보존하고 있다

고 들었다. '상영생'이라는 열사능원 연구위원이 기념관장을 맡아 관리하고 있다는 기사도 읽었다. 그는 광복 70주년을 맞아 연합뉴스와의 인터뷰에서 '기념관은 중국 정부가 자국에서 진행된 한국 독립운동에 얼마나 관심을 가지고 있는지 보여준다'며 '양국 모두에게 소중한 공간'이라고 했다.

차를 세우고 기념관으로 올라가 봤다. 그런데 문이 잠겨 있었다. 답사단의 일원으로 안내자가 동행했으면 없었을 낭패였다. 홀로 다니는 길에 막연한 걸음은 종종 헛걸음이 된다. 그렇다고 관장의 연락처를 이제 와 수소문할 수도 없는 일이었다. 다시 석문촌으로 내려가 마을 사람들에게 더듬더듬 아는 단어를 총동원해 사정을 설명했다. 대략 알아들은 중국 노인 한 분이 어디론가 전화를 했다. 멀리 한국에서 온 이방인에게 베푸는 그들의 호의에 감사할 뿐이었다. 그리고 '이수영'이라는 이름을 가진 아주머니 한 분이 오셨다. 기념관 관리인인데, 점심 먹으러 집에 다녀오느라 문을 잠갔다고 했다. 평소 기념관 청소도 하고 한국인들이 오면 안내를 하기도 한다고 했다. 전화번호를 한국인들에게 알려줘도 되느냐고 물으니 흔쾌히 허락했다.

마을회관만 한 크기의 넓지 않은 기념관에 조선의용군의 역사가 일목요연하게 잘 정리돼 있었다. 전사한 열사들의 기록과 당시 의

조선의용대 본부

대장 김원봉
본부대원 13명

제1구대

구대장 박효삼
구대원 43명

제2구대

구대장 이익성
구대원 41명

| ①조선의용군 간행물, ②조선의용군 여성 전사, ③조선의용군 편제표, ④조선의용군 대원

용군의 사진 자료를 분류별로 전시해놨다.

'조선의용대 화북지대'는 중경에서 북상해 태항산에 짐을 푼 의용군의 당시 명칭이었다. 의용대와 의용군에는 미묘한 차이가 있다. 정치적 위상과 주도하는 세력 등이 그것이다. 이 분야에 천착한 학자들이 잘 고증해놨다. 하지만 시간이 흘러 흘러 찾은 후손들에게는 그저 '독립군'이라는 명칭이 편하다. 당대 그분들의 염원도 오직 조선의 독립이 제일이었음은 말할 필요도 없을 테다.

기념관 옆으로 높지 않은 계단이 있었다. 숨찰 새도 없이 윤세주, 진광화 열사의 묘에 다다랐다. 한단으로 이장되기 전의 묘다. 우리에게는 조금 낯선 돌로 만든 무덤이었다. 직사각형 모양이고 앞에 묘비가 있었다. 좀 희미해지긴 했지만, 조선, 석정 동지, 진광화 동지라는 글자를 찾아 읽을 수 있었다. 무덤 뒤 무성한 나무 사이로 오솔길이 있고, '중한우의 숲'이라는 표지판이 있다.

시간이 흐르고 독립운동을 평가하는 데 있어 이념의 색깔을 걷어내야 한다는 목소리가 차츰 힘을 얻으면서 다행히 이곳을 찾는

▌ **윤세주, 진광화 열사의 옛 묘지** ▌ 독립운동을 평가하는 데 있어 이념의 색깔을 걷어내야 한다는 목소리가 힘을 얻으면서 이곳을 찾는 한국인들이 늘고 있다.

한국인들이 늘고 있다고 한다. 관리인의 말로는 대학생들이 많이 방문한다고 했다. 심지어 추운 한겨울에도 찾아오는 답사팀이 있다고 했다. 그들이 와서 저 숲에 나무도 심었다고 했다.

묘역 뒤로는 태항산이 거친 절벽을 맨몸으로 드러내고 있다. 앞으로는 석문촌을 굽어볼 수 있고, 석문촌 너머로 태항산의 다른 줄기들이 꼬리를 물고 뻗어 있다. 그 사이로 계곡에서 흘러온 물이 모이고 모여 굽이쳐 흐른다. 소박한 기념관이었다. 별 꾸민 곳이 없이 수수하지만 주눅이 들지 않는 느낌이다. 아마 그때 조선의용군 전사들의 모습을 닮지 않았나 생각해보았다.

| 찾아가는 길 |
조선의용군열사기념관

주소는 하북성 섭현 석문촌(河北省 涉县 石门村)이다. 중국 농촌은 입구에 마을 이름을 정자로 새겨놓은 커다란 문을 만들어놓은 곳이 많아 찾기 어렵지 않다. '한국인'과 '조선의용군'이라는 말을 들으면 마을 사람들이 친절하게 대꾸해주는 것을 몸으로 느낄 수 있다.

두 열사가
우리에게 남긴 것

윤세주, 진광화 열사 묘지

● ● 한단邯鄲市, 한단싀 – 진기로예 열사능원晋冀魯豫烈士陵园, 진지루위

열사능원

한단은 조나라의 수도였다. 조나라는 진한연초위조제로 중고등
학교 때 외웠던 중국의 춘추전국시대 전국 7웅 중의 하나인 나라
다. 우리에게는 한단지몽邯鄲之夢이라는 사자성어로 기억된다. 노생
이라는 젊은이가 여행 중에 한단의 주막에서 잠깐 잠이 들었다. 온
갖 고락을 견디며 부귀영화를 누린 일생이 짐깐의 꿈이있다. 주모

가 준비하던 죽이 아직 채 끓지도 않은 스쳐 가는 시간에 생로병사를 경험한 셈이다. 인생의 덧없음을 나타내는 말이라는데, 한단이라는 도시가 그렇다. 영화를 누렸다고는 하나 수천 년 전의 이야기다. 중원 전역에서 한단 사람들의 걸음걸이를 배우러 몰렸다던 얘기도 까마득하다. 지금은 그저 인구 백만 남짓한 작은 도시다. 북경 인근의 다른 도시들이 그렇듯 스모그도 지독하다. 날이 추워지면 대낮에도 사방이 뿌옇게 변해서 초행길의 이방인을 당황스럽게 한다.

다행히 고속철도가 개통되면서 시골 길을 달리는 수고는 덜었다. 북경에서 고속철로 2시간 남짓 걸린다. 남방으로 가는 길목이라 차편은 자주 있는 편이다. 기차를 이용하는 것이 수월하다. 한단 동역에서 내리면 된다. 새로 만든 역답게 깔끔했지만, 밖으로 나오니 휑했다. 고속철역은 기존의 기차역과는 달리 새로 지었기 때문이다. 택시를 타고 열사능원으로 가자고 말했다. 슬쩍 미터기를 곁눈질하니 기본요금이 북경의 절반이다.

택시기사가 신시가와 구시가로 나뉜다고 설명해주었다. 새로 지어지고 있는 건물들을 지나 차와 자전거가 뒤엉킨 허름한 길을 조금 더 달려 도착했다. 진기로예晉冀魯豫, 진지루위 열사능원이 정식 명칭이다. 진기로예에는 지역의 명칭이다. 중국은 각 성을 대표하는 약

| 진기로예 열사능원 기념탑

자가 있다. 진晉은 산서성山西省, 기冀는 허베이성河北省, 로魯는 산동성
山東省, 예豫는 허난성河南省의 약자다. 진기로예는 이 4개의 성을 아
우르는 지역이 된다. 우리가 영호남이라고 부르는 식이다. 한단 시
내를 달리는 택시의 번호판에는 기冀 자가 쓰여 있는데, 허베이성이
라는 뜻이다. 열사능원은 우리의 국립묘지에 해당한다고 보면 된다.

진기로예 열사능원은 한단 시내 한복판에 위치해 있어서 접근하
기 좋았다. 이곳은 중국과 일본이 전쟁하던 1930년대 후반 이후,
중국 공산당 팔로군의 유격지구에서 전사한 항일 열사들의 유해를
모신 곳이다. 각지에 흩어져 있던 열사들의 유해를 1950년 10월

에 이곳으로 이장했다. 전사자 중 가장 높은 지위였던 좌권(팔로군 총치휘부 부참모장) 장군을 필두로 2백여 개가 넘는 묘가 있다.

열사능원은 2차선 도로를 사이로 북쪽 능원과 남쪽 능원으로 나뉘어 있다. 출입구 건너편으로 높은 탑이 보이는 곳이 북쪽 능원이다. 이 탑은 열사기념탑이다. 맨 꼭대기의 붉은 별 밑으로 쭉 뻗은 탑이 높이 솟구쳐 있다. 탑 뒤로 넓은 광장이 펼쳐져 있었는데, 항일 전쟁기를 다룬 영화가 대형 전광판에서 상영되고 있었다. 군데군데 모여서 구경하는 사람들이 보였다. 광장을 지나면 인민영웅기념묘라는 웅장한 반구 형태의 조형물을 볼 수 있다. 무덤을 형상화했나 하는 생각이 들었다.

그 오른쪽으로 좌권 장군의 묘가 있다. 이곳에 진광화 열사의 묘가 있기 때문에 반드시 들어가 봐야 한다. 좌권 장군의 묘 양옆으로 각각 세 명의 묘가 있다. 왼쪽에 있는 세 명 중 한 명의 묘에 '진광화 동지의 묘'라고 쓰여 있었다. 우리에게는 석정 윤세주 열사가 더 알려졌지만, 진광화 열사는 중국 공산당 당원이었기 때문에 이렇게 좀 더 큰 묘를 썼다고 한다. 그렇다고 두 분 사이에 무슨 우열이 있는 것은 아닐 것이다. 함께 사선을 넘다가 같은 전장에서 산화한 같은 독립군이다. 게다가 인생의 덧없음을 알려주는 한단이다. 그저 이들 정부의 기준이려니 하고 넘길 일이다.

| 진광화 열사 묘지

묘 옆에 비석처럼 진열사의 약력을 기재해놨다. 짧게 옮긴다.

'조선혁명 열사 진광화 동지 묘지. 열사의 원래 이름은 김창
화이다. 1911년 평안남도 대동군 고평면에서 태어났다. 1931
년 항일의 뜻을 품고 중국으로 망명했다. 1936년 중국 공산당
에 가입했고 1938년 허베이성 태항산의 항일 근거지에서 중
요한 사업을 담당했다. 1942년 태항산 반소탕전(당시 일본군의
토벌작전)에서 전사했다. 조선의용군 화북지대는 열사의 공적
을 추모하여 묘를 만들고 비석을 세워 기념한다.'

스모그 짙은 대낮의 해는 기세가 약했다. 한낮인데도 눈이 부시지 않았다. 숙연함을 뒤로하고 진열사의 묘 오른쪽에 자리한 열사기념당으로 발걸음을 옮겼다. 커다란 기와가 인상적인 빨간색으로 덧칠된 건물이었다. 이곳에서는 당시 팔로군의 전투 모습과 생활상을 볼 수 있다. 소소한 유품까지 잘 보존해놨다. 깨진 안경과 손목이 해진 남루한 옷이 당시 그들의 일상을 말해준다. 실물 크기로 재현해놓은 밀랍 인형들이 사실감을 더했다. 삼삼오오 모여 전투 중간의 짬을 즐기는 병사들의 표정이 생생했다. 저들 중 몇이나 살아남았을까? 수많은 젊음을 묻고 추억하는 곳이다. 좁지 않은 공간 곳곳이 그 청춘의 매섭고 고단한 흔적들로 가득했다.

그 한편에 윤세주, 진광화 열사가 있었다. '걸출한 국제주의 전사'라는 제목으로 구분되어 있었다. 두 열사의 초상 밑에 간단한 약력이 있었다. 그리고 당시 사진들과 신문을 볼 수 있다. 사진 속 담벽에 '중국과 한국 양 민족이 연합해 일본을'이라고 쓰여 있었다. 군복 차림의 한 청년이 조선의용군이라고 담벽에 쓰는 장면이 뚜렷하다. 후대의 누군가가 두 열사의 전투장면을 되살려 그려놓은 그림은 보기만 해도 치열했다.

모든 것이 부족한 전투였다. 먹을 것도, 입을 것도, 싸울 것도, 전부가 없거나 있어도 턱없었다. 그런 여건에서 일본 정예 육군을 상

대했다. 화력은 상대가 되지 못했다. 일제는 박격포탄을 쏟아내며 항일 투사들을 몰아붙였다. 의용군은 며칠을 끼니는 고사하고 잠을 거르기가 일쑤였다. 험준한 태항산 산맥 줄기를 이불 삼아 쪽잠을 청하고, 북풍에 얼어붙다 못해 퍼렇게 변해버린 감자를 씹었다. 그렇게 겨울과 봄을 보내고 여름을 맞던 어느 날 두 열사는 태항산 줄기에서 영원히 잠들었다.

　출입구로 나와 도로를 건너면 남쪽 능원이다. 윤세주 열사의 묘는 이곳에 다른 2백여 중국 팔로군과 함께 모셔져 있다. 1백여 기씩 두 군데로 나뉘어 있어 쉽게 찾을 수 있다. 묘지석에 한글로 석

윤세주 열사 묘지 | 2백여 명의 중국 팔로군과 함께 모셔져 있다.

정 윤세주 열사라고 쓰여 있다. 역시 약력이 쓰여 있다. '1901년 경
상남도 밀양시에서 태어났다. 1919년 3·1운동 때부터'라고 쓰여
있는 글귀가 오롯이 우리 독립 투쟁의 역사다.

　나이 지긋한 노인이 누군가의 묘를 물끄러미 보고 있었다. 백발
이 성성한 것으로 보아 그 당시를 겪은 분이 아닐까 싶었다. 친구
든 가족이든 그래도 아직 찾는 이가 있다면 지하에서라도 반가울
테다. 더욱이 살아남은 전우라면 더욱 그러할 듯했다. 윤세주, 진광
화 두 열사는 해방 후 반세기를 찾는 이 없이 이곳에 잠들어 있었
다. 남쪽은 오고 싶어도 올 수가 없었고 북쪽은 올 수 있었으나 오

지 않았다. 때로 역사는 잠시 가혹하다. 그래도 두 열사가 누구 탓을 했을까? 이제라도 이렇게 찾아 두 열사의 뜻을 잠시나마 기리는 후대가 있다는 것에 만족할 분들이다.

북쪽이야 아직 강 건너 찾아올 형편이 안 되지만, 남쪽에 남아 있는 절반의 후대 중 이곳을 찾는 뜻있는 사람들의 횟수가 점점 늘어나고 있다고 들었다. 이런저런 독립 유적지 답사에 이곳이 포함된다는 얘기다. 처음 찾는 서툰 길이라 술과 꽃을 챙기지 못했다. 묘지를 술로 적시고 꽃이 마르지 않도록 하는 것이 그분들 덕에 일본 말 배우지 않고 천황폐하 만세를 안 불러도 되는 후손들의 숙제라는 생각을 하며 열사능원을 나왔다. 겨울이라 해가 짧았다. 5시를 조금 넘겼는데 주변이 벌써 어둑해졌다.

| 찾아가는 길 |

윤세주, 진광화 열사 묘지가 있는
진기로예 열사공원

주소는 하북성 한단시 능원로 60호(河北省 邯鄲市 陵園路 60号)이다.
북경에서 가려면 고속철로 이동하는 것이 가장 좋다. 북경서역에
서 출발해 한단동역에서 내린다. 허베이성의 수도인 석가장과 고
속철로 30분 거리에 있다. 기차역에서 21번 버스를 타고 시내로
들어가서 찾아가도 되지만, 값싼 택시비를 생각하면 역에서 바로
타고 가는 것도 괜찮다. 기사가 아무리 돌아가고 바가지를 씌워도
30~40위안(우리 돈 5천~6천 원 정도)을 넘기기 힘든 거리다. 입장료는
따로 받지 않는다.

20

생활과 전투는
같은 이름의 일상이다

오지산 조선의용군 주둔지

●● 태항산^{太行山, 타이항산} – 오지산^{五指山, 우직산}

태항산, 그 험준한 산맥과 줄기를 따라 곳곳에 조선의용군의 흔적이 남아 있다. 생각지도 못한 곳에서 찾아볼 수 있기도 하다. 오지산^{五指山, 우직산}은 현지인들에게 유명한 관광지다. 주로 사람들이 겨울에 많이 찾는다. 바로 스키장 때문이다. 중국은 관광지에 A를 붙여 등급을 매기는데, 오지산은 'AAAA'이니 상당한 경관임을 알 수 있다.

먼저 다녀간 한국인들이 고맙게도 이런저런 팁들을 블로그나 웹사이트에 남겨놓았다. 표를 구입할 때 조선의용군 기념관을 보러 왔다고 말해야 한다는 글을 읽었다. 매일 열어놓는 것이 아니라 방문객이 있을 때만 열기 때문이다. 그런 답사기가 없었으면 낭패였을 테다. 이래서 기록은 중요하고, 또 정확해야 한다. 입장권을 사면서 조선의용군 구지가 있는지 물었다. 한국에서 왔다고 하니 어디론가 전화를 한다. 관리인이 나오기로 했으니 올라가라고 했다. 팻말이 보일 거라고 했다.

차로 몇 분을 더 올라가야 했다. 옆으로 보이는 오지산 경관은 여느 태항산 줄기와는 또 다른 맛이 있었다. 의용군의 흔적을 따라 보여줬던 험하고 깎아내린 듯한 거대한 절벽이 아닌 오밀조밀한 산의 경치를 감상하는 재미가 있었다. 얼마 가지 않아 '조선의용군 구지'라는 팻말이 보였다. 가리키는 방향으로 차를 몰았다. 그런데 길이 두 갈래로 나뉘었다. 포장되어 있는 길로 한참을 가니 스키장이었다. 다시 되돌아와서 갈림길 근처에 있던 청년에게 물어보니 그 옆에 포장이 안 되어 있는 흙길로 걸어 올라가라고 알려주었다. 이 길에 표지판이 필요하지 싶었다.

관리하는 젊은 여성이 열쇠 한 꾸러미를 들고 기다리고 있었다. 여러 채의 집이 있었는데 그중 한 집이었다. 문을 열고 들어가자

| 정율성 태항 기념관 외경 | 기념관에는 정율성의 자료와 함께 조선의용군 자료들도 많았다. 정성이 없으면 할 수 없는 일이다.

안에 작은 건물 세 채가 있었다. 그중 한 채를 작은 기념관으로 꾸며놨다. '정율성 태항 기념관'이라고 팻말을 붙여놨다.

중국 인민해방군가를 작곡한 정율성, 그는 조선 사람이다. 동시에 조선의용군이다. 항일 전쟁과 혁명 시기를 함께한 이 불세출의 작곡가에 대한 중국인들의 존경은 우리의 짐작을 뛰어넘는다. 2009년 진행된 중국 건국 60주년 기념행사에서 정율성은 '신중국 창건 100명의 영웅'이라는 평가를 받았다. 중국 국가 부주석이었던 왕진은 '정율성은 네얼과 시싱하이 외에 중국이 자랑할 만힌 또

| 정율성 |
조선의용군이자
중국 인민해방군가를 작곡한
인물이다.

한 명의 우수하고 뛰어난 작곡가'라고 추켜세웠다. 하지만 대한민
국 사람들 상당수에게는 아직 낯선 이름이다. 해방 후 북으로 건너
갔기 때문이다. 하지만 고향은 남쪽이다. 전라남도 광주가 정율성
의 고향이다.

기념관에 들어서면 정율성의 사진과 그가 작곡한 악보를 가장
먼저 볼 수 있다. 항일 전쟁 시기 그와 가족의 사진도 있다. 안쪽으
로 더 들어가니 조선의용군 자료들도 많았다. 여타 기념관에 없는
사진이나 소품들도 보였다. 특히 당시 그들이 쓰던 무기가 눈에 띄
었다. 박격포탄과 수류탄, 칼과 수통, 철모 등을 잘 전시해놨다. 일
상용품도 보였다. 성냥부터 약을 담는 통에 이르기까지 자잘한 소
품들이 가지런했다. 물 긷던 두레박과 물레까지 모아놨다. 관람하
는 맛이 있었다. 당시 조선의용군의 생활을 미루어 짐작할 수 있었

다. 누가 이리 모았을까 하는 생각이 절로 들었다. 정성이 없으면 할 수 없는 일인데, 무척 궁금해졌다.

커다란 사진 중의 하나는 조선의용군이 연안을 떠나며 찍은 단체사진이었다. 어린아이들도 보였다. 2차 대전이 일본의 항복으로 끝나면서 의용군이 주둔하던 중국 각지가 들썩였다. 당시 조선의용군은 중국 공산당 팔로군 산하 부대로 조직의 체계가 바뀌어 있었다. 따라서 명령은 팔로군 총사령관이 주덕이 내렸다. 그가 내렸던 명령문이 기념관에 남아 있다. "조선 인민을 해방하기 위해 나는 명령한다. 지금 중국 화북 지역에서 대일작전을 하고 있는 조선의용군 사령 무정은 즉시 소속 부대를 통솔해 동북으로 진격해, 적 괴뢰군을 소멸하는 동시에 동북의 조선 인민을 조직해 조선을 해방하는 과업을 달성한다."

연안과 태항산에서 동시에 출발해 동북으로 진격하는 의용군 대오에는 정율성의 딸 정소제도 있었다. 사진 속 꼬마의 눈망울이 인상적이다. 모택동과 중국 주요 지도부의 숙소가 있었고 의용군 역시 터를 잡았던 연안을 떠나는 날, 대원들은 다 같이 정율성이 작곡한 옌안송을 목이 터지라 불렀다.

사진에는 당시 의용군의 생활상도 생생히 담겨 있었다. 미처 보지 못했던 사진들이었다. 우지산 인근의 황무지를 일궈 감자를 심는 의용군도 있었다. 1943년 봄에 청장하라는 하천에서 메기를 잡아 의용군의 부식으로 썼다는 글도 눈에 띄었다. 웹을 뒤지다 보면 길림신문에 실린 당시 태항산 일대 의용군의 황무지 개간과 식량 자급에 관한 기사를 찾을 수 있다. 수시로 쳐들어오는 일본군의 소탕 작전과 경제 봉쇄로 태항산 일대에 대한 보급은 열악할 수밖에 없었다. 기사에는 '나무껍질과 잎사귀, 산나물을 주식으로 기아를 이겨나갔다'라는 표현이 나온다. 당시 대원들은 그래도 태항산에는 봄이면 미나리가 많아 다행이었다고 회고한다. 중국인들은 먹지 않던 미나리였지만 조선 사람들은 미나리를 말려 가루를 낸 다음 겨에 섞어 떡처럼 만들거나 도토리를 주워 삶은 다음 묵과 비슷하게도 만들어 먹었다. 기름에 볶아서도 먹었고, 김치를 담가 먹었다. 김치를 담글 소금이 없어서 쿠옌^{苦盐}이라는 돌을 가루 내어 썼는데, 돌가루를 섞으니 김치맛이 났다고 한다. 의용군의 곤궁함이 떠올라야 할 먹거리 이름이지만, 미나리 떡과 미나리 김치에서 되레 어떻게든 조국의 독립을 기다리고 버티며 싸우던 의용군의 기개가 보인다.

길림신문 기사에는 당시 의용군의 여성 전사이던 리화림이 지었다는 미나리 타령이 실려 있다. 도라지 타령에 노랫말을 덧대었다고 한다. 옮겨본다.

미나리 미나리 돌미나리
태항산 골짜기의 돌미나리
한두 뿌리만 뜯어도
대바구니가 찰찰 넘치누나
에헤야 데헤야 좋구나
어여라 뜯어라 지화자자 캐어라
이것도 우리의 혁명이란다
남동무들은 곡괭이 메고
태항산 골짜기로 올라가서
한 포기 두 포기 드덜기 빼고
감자를 두둥실 심는구나
공산당 모주석 령도하에
동지들 굳게 단결하여
왜놈 제국주의 때려부시고
승리의 노래를 부르자

군사 훈련을 하는 의용군이 미국 비행기 조종사와 함께 앉아 사진을 찍는 모습도 있다. 군데군데 태항산 시절 젊은 정율성의 모습이 섞여 있다.

기념관을 나오면 옆으로 무너질듯한 흙집들이 몇 채 남아 있다. 관리인 말이 1930년대 흙집이고 의용군이 사용했있다고 한다. 들

| 1930년대 조선의용군이 사용했던 흙집

어가 보니 야오동이라고 불리던 흙 토굴도 남아 있었다. 야오동은 황토 흙으로 뒤덮인 절벽이나 땅을 판 일종의 동굴 주택이다. 연안에서 많이 볼 수 있는데, 태항산도 마찬가지였나 보다. 황토를 파냈기 때문에 여름에는 더위가 덜하고 겨울에는 추위가 덜하다. 집 역시 황토흙으로 만들었다. 집 뒤의 야트막한 언덕에 굴을 파고 여러 용도로 썼지 싶다. 반쯤 무너진 벽 너머로 옛집의 흔적이 온전치는 않지만 알아볼 수 있을 정도는 남아 있었다. 마당엔 잡풀이 무성했다. 기념관만큼 관리하는 것 같지는 않았다. 그 말은 언제 허물지도 모른다는 얘기다. 각별한 관심과 지원이 절실하다.

아직 우리는 조선의용군은 그저 중국 공산당의 일개 부대가 아니었느냐는 말을 듣곤 한다. 중국 공산당에게 이용당한 것이 아니냐는 궤변이 그럴듯하게 의용군의 실체인 양 퍼지기도 한다. 한국전쟁 때 남침의 선두에 섰던 인민군이라는 시선은 아직 많은 사람의 가슴 깊이 자리해 따갑기만 하다. 의용군이 창립된 지 80여 년이 흘렀지만, 이념의 벽은 때로 태항산의 그것보다 높고 험하다. 언제 넘을 수 있을까? 언제쯤 태항산에 그럴듯한 제사상 한번 차리고 그들을 위로할 수 있을까? 그것이 부담스럽다면 1945년 이전의 그들만이라도 우선 기리는 것은 어떨까? 색안경을 벗고 그들의 진짜 모습과 마주할 때가 왔다. 오지산 조선의용군 기념관에 있는 '결속어'라는 노래의 노랫말을 들여다보자.

조선의 광활한 대지 위에
조선의 젊은이 행진하네
발맞춰 나가자 모두 앞으로
지리한 어둔 밤 지나가고
빛나는 새날이 닥쳐오네
우렁찬 행진의 함성 속에
의용군 깃발이 휘날린다

오지산 조선의용군 주둔지

주소는 하북성 섭현 오지산 풍경구(河北 涉縣 五指山风景区)이다. 바이두 맵에 '태항오지산'이나 '오지산 풍경구'를 검색하면 된다. 섭현에서 차로 10여 분 남짓 거리라 아주 가깝다. 입장료는 70위안이고 차를 가져가면 주차료 10위안을 별도로 받는다.

21

전쟁은 길었고
보급은 중요했다

대중병원 옛터

● ● 태항산太行山, 타이항산 – 하남점진河南店镇, 허난디엔쩐

삼국지 좀 읽은 사람이면 제갈량의 북벌을 안다. 유비의 한을 풀기 위해 제갈량은 매번 군사를 일으켜 위나라를 침공했다. 당시 촉나라의 국력은 위나라의 반의반도 안 됐다. 땅은 좁고 물자는 부족했다. 그래도 제갈량이 신묘한 계책으로 전쟁을 팽팽하게 이끄는 것이 삼국지의 후반 내용이다. 허구로 가공된 내용이 대부분이지만 촉나라를 정통으로 여긴 독자들에게는 통쾌함을 선사한다. 익

히 알려진 대로 실제 역사는 조금 다르다. 제갈량이 여러 번 군사를 동원해 국경을 넘은 것은 사실이다. '육출기산(기산이라는 국경지역으로 여섯 번을 출병했다는 뜻)'이라는 말이 생겼을 정도다. 하지만 한 번도 한중을 넘어 중원으로 진군하지 못했다. 매번 보급이 문제였다. 전투에서는 이겼을지 몰라도 전쟁에서는 항상 졌다. 그나마 철수하면서도 촉 땅을 지켜낸 것이 제갈량의 공이라면 공이다. 마지막 오장원으로 출병했을 때는 대치국면이 길어지자 병사들에게 농사를 짓게 했다. 직접 군량을 얻고 수확해 먹는 방법이다. '둔전제'라고 불린다. 병사들도 사람이다. 전선에서는 먹고 입는 문제를 해결하는 것만큼 중요한 것이 없다.

의용군의 상황도 비슷했다. 전쟁은 길었고 보급은 중요했다. 먹고 입고 쓰는 문제는 당장의 전투처럼 빛은 나지 않지만 어쩌면 총을 드는 일보다 더한 무게가 있는 일이었다. 의용군은 다양한 생산운동을 전개했다. 황무지를 개간해 감자를 심고, 산에 올라가 나물을 뜯었다. 도시에서도 마찬가지였다. 이익을 남기기 위한 다양한 사업을 병행했다. 병원도 운영했고 공장도 운영했다. 그 터가 남아있는 곳이 섭현의 하남점진河南店镇, 허난디엔쩐이다.

병원은 1943년에 세워졌다. 포로였던 백은도가 원장을 맡고 자원해서 의용군에 참여한 김상현이 부원장을 맡은 대중병원이었

┃ 황무지를 개간하는 조선의용군

다. 각각 내과와 외과로 나눠 진료했다. 일본군이었다가 탈주한 김
희원이 제약을 맡았고 이화림이 간호사로 근무했다. 공장은 방직
공장이었다. 군정학교의 여성대원 십여 명이 와서 베를 짜고 남자
들은 방사기를 돌려 실을 뽑았다. 독립기념관의 현지 조사 당시 나
이 든 마을 주민들은 당시의 일을 뚜렷이 기억했다. 어렸을 때 조
선인 의사에게 진료를 받았다고 증언한 노인도 있었다. 그들은 병
원을 운영하고 방직공장에서 군복을 만들면서도 강변에서 모래주
머니를 들었다 놓았다 반복하며 군사훈련을 게을리하지 않았다고
한다. 또, 주변 산골마을에서 농사를 지어 이곳으로 가지고 왔다고

했다.

조선의용군을 오래 연구한 염인호 교수의 저서에 이때의 상황이 세밀하게 묘사되어 있다. 1943년 무정이 태항산에 들어오면서 의용군의 생산 운동이 본격화되었다고 한다. '자력갱생하여 풍의족식하자'라는 슬로건을 내걸었다. 태항산은 돌이 많아 농사에 적합하지 않은 악산이다. 산등성이는 바윗돌 위에 먼지 같은 흙이 약간 덮인 불모지였다. 괭이 날을 박으면 가뭄으로 마른 땅에서 흙먼지가 뽀얗게 일어났다. 그런 땅에 의용군은 물을 등에 지고 퍼다부으며 밭을 일궜다. 무정은 도시에서 사업을 벌인 병원과 공장에 대해서도 상세한 보고를 남겼다. 무정의 보고서에 따르면 1945년 5월 대중병원의 월수입이 3만 원이었다. 설립 당시 자본금은 2천원이었다. 이윤만 추구한 것은 아니다. 대중병원은 가난한 환자에게 무상진료를 했고, 중국인들에게 천연두 등의 질병에 대한 예방접종을 시행했다.

가장 큰 사업이 된 곳은 식량, 소금, 땔감 등을 취급하는 삼일상점이었다. 역시 무정은 이곳의 현황도 보고서에 기재했다. 2천 원의 자본금으로 문을 연 이 상점은 매월 10만 원가량의 수입을 남겼다. 1943년 한해에 태항산의 의용군들이 이런 활동으로 벌어들인 돈이 35만 원에 이른다고 했다. 일상의 보급에 큰 도움이 되는

│ 하남점진 전경 │ 조선의용군의 생산 운동이 활발했던 이곳은 아쉽게도 지금은 그 흔적을
찾아볼 수 없게 변해 있다.

돈이었다. 그 돈은 비축도 했고 일본군 후방에 침투한 의용군의 공
작비로도 사용했다.

　병원과 공장, 상점 외에 태항 이발청도 하남점에 있었다. 물론 지
금은 모두 흔적을 찾을 수 없다. 중국 시골의 낙후한 마을일 뿐이
다. 해가 지고 방앗간에 불이 하나씩 켜진다. 근처 시골의 농산물을
빻고 포장하는 방앗간이 유난히 많다. 길거리에는 채소며 과일, 잡
다한 일상용품을 파는 노점들이 널브러져 전등을 히니씩 컨디. 탄

가루를 실은 트럭이 지나가며 시커먼 먼지가 날린다. 그래도 쓸고 닦고 하면서 자리를 지킨다. 뜰 수가 없다. 지금의 중국인들이 견뎌 내는 삶의 현장이다. 70여 년 전에도 그랬다. 생활과 전투는 같은 이름의 일상이었고 때론 처절하고 때론 치열했다. 예나 지금이나 삶은 언제나 고단하다.

대중병원 옛터

독립기념관 자료에 섭현 하남점 인민법원(涉县 河南店镇 人民政府) 뒤
편이라고 되어 있는데, 인민법원은 바이두에 검색되지 않는다. 인
민정부가 나온다. 주소라고 기재해놓은 하일촌 112호도 나오지
않는다. 인민정부와 하일촌은 조금 떨어져 있다. 하일촌 골목에는
병원과 방직공장이 아직도 있다. 당시의 것이 이어졌는지는 확인
하지 못했다. 전문가들의 고증이 좀 더 필요하다. 마을 주민에게
독립기념관 자료 사진을 보여주니 골목 중간의 집을 알려준다. 항
일 전쟁 당시의 건물이라고 하는데, 거의 폐가 수준으로 무너져 있
었다.

22

조선 독립을 꿈꾼
청년들의 엇갈린 행보

조선혁명군정학교

●● 태항산^{太行山, 타이항산} – 남장촌^{南庄村, 난좡춘}

1944년 조선의용군의 주력이 연안으로 이동했다. 하지만 의용군에 합류하려 태항산으로 모여드는 조선 청년들이 끊이지 않았다. 이미 중국 땅에는 일본 군복을 입고 참전 중인 조선인이 많았다. 그들은 주요한 공작 대상이었다. 조선인 독립군이 근처에 있음을 끊임없이 선전했다. 하나둘 일본군 진영에서 넘어오던 청년들의 숫자가 계속 늘어갔다. 의용군은 그들의 교육을 위해 조선혁명

| 1943년 조선혁명군정학교 | 태항산으로 모여드는 한인청년들의 교육훈련을 위해 운영됐다.

군정학교를 세웠고, 해방될 때까지 이 학교에서 3백여 명의 생도가 훈련을 받았다. 원래 낡은 절이었는데 수리해서 썼다고 한다. 교육장은 중국 인민해방군가를 작곡한 정율성이었다.

태항산에만 학교를 만든 것은 아니었다. 1944년 10월 산동 분교가 2백여 명이 참가한 가운데 개교식을 열었다. 화중이라고 불리는 남쪽 강소성의 중국 공산당 제3사단의 근거지에도 조선인을 위한 특별훈련반을 만들었다. 역시 학병으로 참전하거나 징병으로 끌려온 조선 청년들이 탈영해 이곳으로 모여들었다. 그 수가 백여 명에 달했다고 한다. 그래도 중심은 조선의용군이 피로 지켜낸 태항산이었다.

남장촌南庄村, 난좡춘은 섭현 시내에서 멀지 않다. 막히지 않으면 차로 10분이 걸리지 않는다. 남장촌에 들어서면 마을 중앙에 야외소극장이 자리 잡고 있다. 크게 걸려 있는 모택동 사진 밑으로 '중조한우의기념대'라고 한글로 쓰여 있다. 그 옆으로 마을 유치원이 있다. 한자를 모르는 사람이 봐도 유치원임을 알 수 있다. 3층의 흰색 벽돌 건물인데, 철문에 햇님 달님과 숫자들을 앙증맞게 그려놨다. 그리고 철문 옆에 작은 팻말이 하나 붙어 있다. '조선의용군 총부구지'에 대한 설명이 한자로 쓰여 있는데, 1943년 4월 조선의용군

▎**조선혁명군정학교 건물 옛터** ▎지금은 유치원으로 사용되고 있다.

사령관 무정이라는 문구가 눈에 들어온다.

유치원은 한창 아이들이 마당에 나와 뛰어노는 소리로 활기찼다. 어디든 아이들이 배우는 곳은 낯선 성인의 접근을 허락하지 않는다. 어쩔까 망설이다가 철문을 두드리자 선생님이 문을 열고 나왔다. 한국에서 왔다는 얘기를 건넸다. 그러자 의외로 환하게 웃으면서 바로 열어준다. 수업에 방해될까 싶어 조심스러웠는데 거리낌이 없었다. 마당 왼쪽에 있는 건물을 손짓으로 가리켰는데, 그곳이 바로 조선혁명군정학교 옛터였다. 팻말이 걸려 있고 연혁이 쓰여 있었다.

이곳에서는 생도들을 고급, 중급, 저급 반으로 나눠 정치학습과 군사훈련을 했다. 학생자치기구도 있었고, 문화클럽 활동도 있었다. 계속 태항산으로 들어오는 청년들을 임시로 수용하기 위해 학교 남쪽에 임시로 숙소를 만들어야 할 정도였다고 한다. 당시 부근에 주둔하던 팔로군 129사단 정치위원이 이곳 남장촌까지 찾아와 정율성을 비롯한 의용군 대원들을 격려했다는 기록도 있다. 그가 바로 훗날 대륙의 일인자가 된 등소평이다.

마을에는 아직 당시의 흙집들이 군데군데 남아 있다. 독립기념관이 이곳을 조사한 적이 있었다. '강림당'이라는 현지 노인의 증언에 의히면 부엌과 방 하나가 있는 흙집이 군정학교 교장이있던 무정의 숙소이고, 맞은편 벽돌집이 생도들의 숙소였다고 한다. 좁은 골목이 어지럽게 가지치기하며 뻗어 있는 마을이었다. 이 평범해 보이는 시골에 과거 승리의 역사와 현재가 얽혀 있었다. 초라한 외관의 흙집 하나하나에 의용군과 얽힌 사연이 적지 않다.

중국 각지에 뻗어 있던 군정학교의 규모를 보면 의용군의 수를 추산할 수 있다. 남장촌의 군정학교는 무정의 보고서에 의하면 1945년 5월에 293명이었다. 연안 군정학교에 280여 명, 산동분교에 120여 명, 강소성에 100여 명을 더하면 800명이 조금 안 된다. 학교 밖에서 활동하는 의용군 대원들도 있었을 테니 전체 규모는 1,000여 명 내외로 전문가들은 본다.

일본은 중국 침략을 본격화하면서 조선 독립군 역시 씨를 말리려고 했다. 그래도 끈질기게 무장 대오를 갖추고 대륙을 누빈 우리 청년들이 있었다. 이들을 대략 세 갈래로 나눌 수 있다. 임시정부 산하의 광복군, 만주에서 항일무장투쟁의 끈을 놓지 않았던 동북항일연군 소속의 조선인들, 그리고 이곳의 조선의용군이다. 규모면에서 의용군이 가장 컸다. 특히 교육을 중시한 덕에 해방 후 의용군은 만주에서 급속히 세를 불렸다. 체계적인 교육을 받은 의용군 대원들은 중간 간부 역할을 했다. 군대로 치면 노련한 부사관들이었다. 신병을 모집해 병력을 불리기에 적합한 구조였다. 동북으로 진출해 2~3년 만에 수만의 대오를 갖추는 데는 간부의 소양을 갖춘 기존 의용군의 역할이 절대적이었다.

일제 말 조선 독립을 꿈꾼 청년이라면 누구나 한번 소망했을 법한 광복군과 만주 항일빨치산 그리고 조선의용군, 각자 서 있는 터는 달랐지만 염원은 하나였다. 그들을 하나로 묶어내지 못하고 급작스레 해방을 맞은 것이 돌이켜보면 뼈아프다. 이후 이념과 사상의 늪에서 서로에게 총부리를 겨눠야 한 것은 민족의 더 없는 비극이었다.

조선의용군과 광복군 사이에는 김원봉이라는 공통분모가 있었다. 조선의용군과 항일빨치산 사이에는 중국 공산당이라는 공통분모가 있었다. 하지만 서로 교류하지 못했다. 워낙에 월등한 전력을 가진 일본군과 싸우느라 생존 자체가 문제였기 때문이다. 그래도 서로에 대한 소식을 풍문으로라도 듣고 있지는 않았을까? 역사에 가정만큼 부질없는 것이 없다. 그래도 미련이 남는 것은 유적지를 돌아볼수록 새삼 깨닫게 되는 이들의 질긴 독립에의 의지 때문이다. 해방된 조국에서 다시 만나자던 약속을 남과 북에서 따로 지켜야 했던 비극을 어찌 씻어야 할까?

조선혁명군정학교

주소는 섭현 남장촌(涉县 南庄村)이다. 독립기념관 조사 당시 남장촌의 629호와 630호를 무정과 생도들의 숙소라고 고증했다. 하지만 마을 주민들에게 호수를 물어보면 대부분 모른다. 벽에 주소가 숫자로 쓰여 있는데도 찾기 어려웠다. 2011년에 큰비가 와서 군정학교 옛터 건물 벽이 허물어질 뻔했는데 수리했다고 한다.

[23]

김원봉,
임시정부와
멀어지다

천구촌 조선의용군 주둔지

● ● 연안延安, 옌안 – 천구촌川口村, 촨코우춘

태항산 조선의용군 주둔지에서 연안까지는 2천여 리쯤 된다. 지금도 석가장에서 연안까지 기차로 대략 8시간쯤 걸린다. 의용군은 1944년 1월 일부 대오를 태항산을 떠나 연안으로 이동시켰다. 화북조선청년혁명학교 생도들이 주력이었다. 꼬박 석 달을 행군했다. 언제 일본군이 나타날지 몰라 경계를 늦출 수 없는 행군이었다. 당시 연안은 대장정을 마친 중국 공산당의 송착지였다. 중국 혁명의

233

성지였다. 에드가 스노우라는 푸른 눈의 기자가 연안을 찾아와 공산당 홍군과 함께 생활하며 모택동 등 지도부를 인터뷰하고 쓴 책이 그 유명한《중국의 붉은 별》이다. 그의 아내가 연안의 조선인 혁명가 김산을 만났던 기록을 책으로 낸 님 웨일즈다. 이상을 꿈꾸던 서양인들은 연안을 동경했다. 하지만 조선의용군에게 연안은 현실이었다. 좀 더 안전한 근거지가 필요했다. 해방에 대비해 본격적인 간부교육도 필요했다. 하지만 당장 잘 곳, 먹을 것을 해결하는 것이 급선무였다.

┃ 조선의용군 옛터 표지 ┃ 2007년에 세워진 기념비에 '조선의용군 구지'라고 쓰여 있다.

천구촌川口村, 촨코우춘은 태항산에서 행군해온 의용군의 첫 번째 주둔지였다. 연안 시내에서 30여 킬로미터 떨어져 있다. 연안시를 가로지르는 강이 연하인데, 한참 동안 연하를 따라 달렸다. 천구 대교라는 다리를 건너면 바로 시커먼 기념비를 볼 수 있다. 2007년에 세워진 이 기념비에는 '조선의용군 구지'라고 쓰여 있었다. 그러나 보통 뒷면에 연혁이 새겨져 있어야 하는데 비어 있었다.

비석 뒤로 바로 우물이 보이는데, 현지 노인들이 조선의용군이 사용했었다고 증언한 우물이다. 교각 밑에 동굴 형태로 파놓아 찾

▎ 당시 야오동 ▎ 조신의용군들은 직접 굴을 피서 기치를 마련했다.

기 쉬웠다. 아직 물이 고여 있었다. 하지만 이끼와 부유물이 많고 더러워 지금 사용하고 있는 것으로 보이지는 않았다. 우물 뒤로 난 오솔길로 산을 오를 수가 있었다. 산중턱까지 주민들의 집이 빼곡했다. 골목은 미로 같았다. 마을 어느 곳에서든 아무 골목이나 택해 산으로 방향만 잡아 걸어나가 산동네를 벗어나면 바로 여기저기 흩어져 있는 토굴을 볼 수 있다. 야오동窯洞이다. 당시 조선의용군들이 직접 굴을 파서 짐을 푼 거처로 추정된다.

황토 고원 지대의 특성을 잘 살린 중국 특유의 동굴집인 야오동은 연안의 상징과도 같다. 모택동도 야오동에 살았다. 공산당은 모택동, 주덕, 주은래 등 당시 공산당 지도부가 살았던 야오동을 잘 보존해놨다. 침대와 책상에 실물 크기의 밀랍 인형으로 소소한 일상을 그대로 재현해놨다. 중국 공산 혁명의 성지를 찾아오는 이른바 붉은 관광에서 빼놓을 수 없는 코스다.

연안 곳곳에 이런 야오동이 흔하다. 천구촌도 마찬가지다. 황토집은 비교적 만들기가 수월하다. 황토의 특유의 점성 때문이다. 흙을 물에 개 쌓기만 해도 단단하고 질기다. 황토는 파낼 때는 부드럽지만 공기 중에 노출된 이후에는 단단해진다고 한다. 냉난방 효과도 탁월하다. 콘크리트보다 높은 단열 효과를 갖는 황토는 바깥이 영하로 떨어져도 실내 온도를 영상으로 유지할 수 있다. 여름에는 반대로 황토벽이 바깥보다 낮은 온도를 유지해 천연 에어컨의 역할을 한다. 황토 동굴을 파기만 하면 되니, 어떻게든 주어진 자연을 잘 이용하는 인간의 지혜가 엿보인다. 이미 이 지역은 수천 년 전부터 야오동을 팠다.

하지만 천구촌의 야오동은 전혀 관리가 되고 있지 않았다. 눈에 처음 들어온 야오동의 벽은 허물어져 있었고 내부에는 주민들이 버린 것으로 추정되는 쓰레기가 가득했다. 무너져 내린 토굴 앞에는 잡풀이 우거져 앞까지 가는 것이 힘들 정도였다. 풀을 헤치고 다가가는데 발밑으로 황토 덩어리가 잘게 부서졌다. 맨 안쪽으로 침대로 썼을 법하게 단이 있었고, 입구에는 아궁이가 남아 있는 야오동도 있었다.

전혀 관리가 안 되는가 했는데, 토굴 몇 개를 지나니 열쇠까지 채워진 신축 야오동도 제법 보였다. 문을 목재로 새로 해 넣어 반질반질했다. 열쇠로 잠가놨는데, 들여다보니 깨끗하고 지붕에 서까래까지 있다. 맨 안쪽과 천장을 촘촘하게 벽돌로 채워놓은 곳도 있었는데, 교과서에서 봤던 백제 무령왕릉과 비슷하게 보였다. 보수하다가 만 야오동도 눈에 띄었다. 보존하려고 애를 쓰고 있는 중인지 아니면 현지 주민들이 아직 사용하는 것인지 알 수가 없었다. 주변에 지나가는 인석도 전혀 없어 물어볼 사람도 찾지 못했다.

| 천구촌 야오동 | 마을 어느 곳이든 아무 골목이나 택해 산으로 방향만 잡아 걸어가면 여기 저기 흩어져 있는 야오동을 쉽게 볼 수 있다.

야오동 앞마당에 간간이 돌 방아와 커다란 돌 그릇이 보였다. 먹고 사는 문제를 해결했던 흔적이었다. 이 무거운 것을 어떻게 산 중턱까지 옮겼는지 상상이 가지 않았다. 의용군은 군대였지만 군수 지원을 받을 수 없는 군대였다. 스스로 해결하는 것밖에 방법이 없었다. 산 밑을 흐르는 연하에서 물고기도 잡았을 테고, 주민들과 농사도 지었을 테다. 산 중턱에서 보니 마을 앞이 탁 트인 평지라 씨를 심고, 김 메고, 물 주고, 수확하기에 좋은 땅이지 싶었다. 의용군은 이곳에서 5개월여를 주둔했다. 그리고 나가평촌으로 옮긴다. 그곳에 조선혁명군정학교를 세웠다.

사실 의용군의 연안 이동에는 복잡한 정치적 문제가 있었다. 의용군이 비록 공산당과 함께 싸우고는 있었지만, 시작은 약산 김원봉이었다. 김원봉은 중경 임시정부에 있었고, 국민당의 후원을 받고 있었다. 북상해 공산당 팔로군과 싸우고 있는 의용군 대원 중에는 공산당원도 있었지만 김원봉과 같은 성향을 가진 대원들도 상당수였다. 태항산에서 전사한 석정 윤세주가 대표적이었다. 처음 의용군이 공산당 근거지로 북상해 일본군과 교전하면서도 임시정부를 구심점으로 여긴 것이 의용군의 정치적인 성격을 증명한다.

1941년 10월 말 연안에서 열린 '동방 각 민족 반파쇼대회'에서는 스탈린, 루스벨트, 장개석, 모택동과 함께 임시정부 주석 김구 선생을 대회 명예주석으로 추대하기도 했다. 1942년까지 의용군 행사장에는 김구 선생의 초상화가 내걸렸다. 하지만 중국 공산당은 의용군의 지휘권을 갖고 싶어했다. 중국 공산당 입장에서 중경에 있는 김원봉이 의용군에게 중경으로 귀환하라는 명령을 내리는 것은 상상할 수 있는 최악 중의 하나였을 것이다. 결국, 조선인이지만 골수 공산당원이었던 무정이 조선의용군의 지휘권을 장악하고 의용군 간부를 팔로군 총사령관인 주덕이 임명하게 되면서 의용군은 김원봉과 임시정부와의 끈을 놓게 된다. 의용군의 연안 이동 역시 크게 보면 이 맥락에서 이해할 수 있다. 이렇게 의용군의 본격적인 연안 시대가 열렸다.

천구촌 조선의용군 주둔지

주소는 섬서성 연안시 천구향 천구촌(陝西省 延安市 川口乡 川口村)이다. 마을로 들어가는 다리를 건너다 보면 산중턱의 야오동들이 한눈에 들어온다. 야오동으로 올라가는 길을 헤맬까 싶어 골목 어귀마다 주민들에게 물어봤는데, 대수롭지 않게 그냥 쭉 가라고만 한다. 올라가서 보니 골목이 실타래처럼 엉켜 있는데 모두 산으로 뻗어 있다. 어렵지 않게 올라갈 수 있다는 얘기다.

24

일생을 독립에 몸바친
투사들의 안타까운 최후

나가평촌 조선의용군 주둔지

● ● 연안^{延安, 옌안} – 나가평촌^{罗家平, 뤄자핑춘}

조선혁명군정학교는 천구촌에서 3킬로미터 떨어져 있다. 역시 나가평 대교라는 다리를 건너면 마을 입구에 '조선혁명군정학교 구지'라고 쓰여 있는 기념비가 있다. 비석에 연혁이 있어 짧게 옮긴다.

'조선혁명군정학교는 1942년 태항산에서 설립되었다. 1944년 12월 이곳으로 교사를 완공해 옮겼다. 다음 해 2월 성대한

'조선혁명군정학교 옛터'라고 쓰여 있는 기념비

개학식을 했다. 팔로군 총사령관 주덕을 비롯해 요인들이 참석
했다. 학교의 취지는 간부 양성과 조선민족의 해방이었다. 마
르크스주의 철학과 군사학, 조선문제 같은 과목을 배웠다. 해
방 이후 이곳을 떠나 조선 북부로 옮겼다. 지금 이곳에는 돌로
쌓은 토굴집 4개와 보통 토굴 일부가 남아 있다.'

개학식 때 주덕이 참석한 것은 물론이거니와 미국인도 참여해
축하연설을 했다. 미국인의 참석이 특이해서 이유를 찾아봤다. 당
시 미국의 정보기관이었던 OSS가 1945년 1월 작성한 북중국작전

보고서에 조선의용군이 언급되어 있다고 한다. 미국이 연안의 조선의용군을 이용해 만주, 한반도 일대에 대한 첩보 활동을 추진할 계획을 세웠다는 것이 그것이다. 아직 내전이 시작되지 않고 국공합작으로 일본군과 싸우던 시기이니 그럴 수도 있었겠다 싶다. 혹시 실행에 옮겨져 누구라도 OSS 소속으로 한반도나 만주에 침투한 조선의용군이 있었으면 완전 영화 소재였을 듯한데 실행되지는 않은 듯싶다. 그래도 혹시 모른다. 언젠가 뜻밖의 비밀문서가 한 장 발굴될지도.

연안의 조선혁명군정학교는 중국 공산당에게는 국제 연대의 상징과도 같은 존재였다. 의용군에게도 보다 안정된 환경에서 대원들을 한곳에 모아 집중적으로 훈련하는 것이 이득이었다. 특히 시시각각 정세가 급변하는 상황이었다. 일본의 수세가 눈에 보였다. 변화하는 국제정세에 능동적으로 대처하기 위해서는 최전방도 중요하지만 지도부가 있는 이곳에서의 활동도 빼놓을 수가 없었다.

군정학교는 교육기간을 1년으로 했다. 군사간부 양성이 주목적이었다. 교장은 김두봉, 부교장은 박일우가 맡았다. 김두봉은 한글학자 주시경의 제자로 그 자신도 유명한 학자였다. 해방 후 북한으로 건너가 정권 수립에 참여한 조선의용군을 연안파라고 부르는데, 김두봉은 연안파의 상징적인 존재였다. 그는 우리의 국회의장

| 김두봉 |
북한 정치가이자 한글 학자.
연안파의 상징적인
인물이기도 하다.

과 같은 최고인민위원회 상임위원장을 지냈다. 군정학교의 인원은
교관 및 지원 40여 명, 학생 240여 명으로 300여 명에 육박했을
것으로 추산된다. 정율성도 이곳에서 가르쳤다. 한국 근대사와 혁
명문제 같은 과목도 있었는데, 물론 조선의 독립을 위한 이론적 준
비였다.

나가평촌은 천구촌보다는 조금 더 북적이는 마을이다. 기념비 앞
으로 동네 시장이 있었다. 시장 앞 광장에서 석탄을 파는 장면이 인
상적이었다. 사람들이 비닐봉지에 삽으로 석탄을 담아갔다. 80년대
중반까지 우리도 초등학교에서 흔하게 볼 수 있었던 조개탄이 생
각났다. 그때도 각 반의 주번이 학교 뒤 창고에 양동이를 들고 가
조개탄을 받아와 난로를 땠다.

나가평촌 역시 천구촌처럼 산 중턱에 야오동이 여럿 보인다. 올

라가 보니 야오동을 아직 집으로 쓰고 있는 곳이 몇 군데 보였다. 가는 나무를 얼기설기 엮어 대문도 만들어놨다. 아직 이곳의 삶은 척박한 듯 보였다. 마을 사람들은 야오동 앞 공터에 상추며 토마토 같은 작물을 재배해 텃밭처럼 쓰고 있었다. 천구촌처럼 보수하고 열쇠를 채워놓은 야오동은 없었다. 흙벽돌도 없이 굴을 판 흔적만 남아 있는 야오동이 꽤 많았다. 대개는 입구에 잡풀이 우거져 잘 보이지도 않았다. 남아 있는 집들도 온전하지 않았다. 대부분 벽이 무너져 내려 있었다. 군정학교 교사와 강당 숙소가 어디였는지는 알아볼 수가 없었다. 더 늦기 전에 중국 측과 협의하고 우리 돈을 들여서라도 복원과 보존이 필요하겠다.

강력한 무장 대오와 함께 수준 높은 간부 인원까지 양성한 조선의용군은 해방 정국에서 최대의 대오였다. 전투 역량은 동북에서 국공내전을 거치면서 급성장했다. 의용군을 이끌었던 지도부는 일생을 독립과 혁명에 몸바친 투사들이었다. 하지만 안타깝게도 이들은 북한으로 건너간 뒤 내부 권력투쟁에서 패하고 역사에서 사라진다. 그 가운데 만주 항일빨치산이었던 동북항일연군 출신의 김일성이 북조선에서 어버이 수령이 됐다.

김일성은 일제의 대토벌을 피해 소련 땅으로 몸을 피한 뒤 소련군의 후원을 얻어 부대를 유지했다. 시베리아 하바롭스크에 있는 비야츠크에 김일성처럼 몸을 피한 동북항일연군 부대가 주둔했다. 소련은 이들을 '88여단'이라고 부르고 소련군 계급장을 줬다. 김일성 역시 대위 계급장을 받고 소련군 교관들에게 훈련을 받았다. 소련군이 북한에 진주한 뒤, 88여단 소속의 김일성 부대가 북한의 실권을 잡은 것에는 이런 배경이 있다. 소련군은 중국 공산당과 깊은 유대를 맺은 조선의용군이 내심 달갑지 않았을 것이라 쉽게 추측할 수 있다.

결국, 중국 공산당 팔로군의 포병 사령관이었던 무정, 조선독립동맹을 이끌었던 김두봉, 조선의용대의 북상을 주도했던 최창익 등 '연안파'는 모두 소련의 후원을 업은 김일성의 만주 빨치산파에게 밀려 제거당한다. 김일성 1인 체제에 반기를 든 1958년 8월이 마지막이었다.

김일성과 그 일파는 이를 8월 종파사건으로 규정하고 연안파를 혹독하게 몰아붙였다. 일부는 다시 중국으로 도망치다시피 압록강을 건넜다. 중국으로 도피하지 못한 나머지 연안파는 숙청되어 그 생사조차 알 수 없게 되었다. 3·1운동에 참여했다가 상해 임시정부에 참여하고, 조선의용군의 대부로 연안 군정학교의 교장이었던 독립운동의 거물 김두봉 역시 이때 숙청되었다. 그는 시골 농장의 노동자로 쫓겨난 후 소식이 끊겼다. 피살되었다는 설도 있다. 확

인된 것은 아니지만, 연변에서 조선의용군 관련 자료를 조사하다가 김두봉의 마지막에 관한 이야기라면서 들은 것이 있다. 말을 전해준 그는 북한 사회과학원 학자에게 들은 말이라고 했다. 농장으로 쫓겨난 김두봉은 젊은 열혈 공산당원들에게 괴롭힘을 당했다고 했다. 매일 새벽 김두봉이 거주하던 곳에 찾아와 반말과 욕을 섞어 김두봉을 불러냈고, 노동을 강요했다는 것이다. 흡사 문화대혁명 시기의 홍위병을 떠올리게 한다. 피살은 아니고 그렇게 고초를 겪다가 심신이 허약해져 세상을 떠났다는 것이 그의 전언이었다. 만

┃ 당시 나가평 조선혁명군정학교 숙소

약 사실이라면 역사적 인물의 말로가 너무도 참혹하고 허망하다.

연안에서 토굴을 파고 황무지를 개간해가면서 버텼던 그들이었다. 왜놈이 싫어 강을 건너 대륙으로 넘어왔었다. 그토록 바라던 해방 조국에 왔는데 설 자리가 없어 다시 강을 넘어야 했다. 역사는 때로는 아무 보답이 없다. 그들이 압록강을 건너 중국으로 도망치면서 북한에서 의용군은 금기어가 됐다. 애초 남쪽에서는 더했다. 의용군은 한국전쟁 때 인민군의 주력이었으니 말할 필요가 없다. 의용군은 남북에서 모두 그 공이 지워졌다. 의용군 창설 80년, 광복 70년이 지났지만 누구도 쉽게 기릴 수 없는 역사가 되었다. 나 가평의 무너진 토굴과 간 곳 없는 군정학교 옛터가 이름을 잃은 의용군의 모습을 대신하는 듯하다. 이 거친 땅에 바쳤을 그들의 조선 독립에 대한 염원이 쓸쓸하고 덧없이 느껴졌다.

| 찾아가는 길 |
나가평촌 조선의용군 주둔지

주소는 섬서성 연안시 보탑구 나가평촌(陝西省 延安市 宝塔区 罗家平村)이다. 마을 앞으로 연하가 흐른다. 산 중턱으로 올라가는 골목에 마을 아이들이 군데군데 뛰어논다. 아마 야오동도 저 꼬마들의 놀이터 역할을 톡톡히 할 테다. 활개치는 골목대장들이 이방인을 신기하게 쳐다보면서 자기들끼리 뭐라 뭐라 하며 키득키득 웃는다. 졸졸 따라오는가 싶더니 이내 산 위쪽으로 뛰어 사라졌다.

25

독립투사들을
갈라놓은 이념의 벽

조선의용군 간부를 양성한 중앙당교

● ● 연안^{延安, 옌안} – 중앙당교^{中央黨校}

정당은 교육기관을 둔다. 지금도 마찬가지다. 정당의 이념과 정
강정책을 교육하고 전파하는 것은 중요한 정치활동이다. 그렇게
정치인이 배출되는 것이 서구 민주주의 정치체제의 일반적인 특징
이다. 독일의 정치 제도를 취재한 적이 있는데, 의원 중 상당수가
모두 학생 때부터 마치 축구 유소년 클럽을 거치듯 정치 교육을 받
고, 지역 및 정당 하부 조직에서 시작해 중앙 정치인으로 성장하는

| 중앙당교 옛터 표지 | 당시의 중앙당교 건물은 없어졌다고 들었는데, 다행히 작은 건물이 하나 남아 있었다.

것이 인상적이었다. 우리처럼 다른 일을 하다가 정계에 혜성처럼 입문하는 경우는 좀처럼 없었다. 대선주자를 좇아 정당이 이합집 산하는 것도 그네들에게는 상상하기 어려운 일이다. 중국 공산당 도 당 학교를 따로 두고 초중급 당원과 간부들을 양성했다. 그 옛 터가 남아 있다. 조선의용군 지도부였던 한빈이 이곳에서 강의했 다. 역시 의용군 지도부였고 중국 공산당과 함께했던 최창익과 허 정숙도 이곳에서 배웠다.

사실 중앙당교中央黨校는 중국 공산당의 유적이지 조선의용군의 그 것은 아니다. 하지만 연안에서 의용군과 중국 공산당은 떼놓고 생각할 수 없는 관계가 되었다. 당시의 중앙당교 건물은 없어졌다고 들었는데, 기념비 뒤에 기와로 된 작은 건물이 하나 남아 있었다.

그 뒤로 조금 올라가면 관리가 안 된 야오동이 여러 개 보인다. 당시 교사로 쓰던 곳이다. 쓰레기가 널려 있어 어수선하고 흙벽돌로 쌓아올린 벽이 위태롭다. 연안에서 흔하게 볼 수 있는 풍경이다. 이곳 말고 야오동이나 지도부가 살던 곳을 잘 보존해놓은 곳은 따로 있다. 연안에서 대추나무 공원을 검색하면 된다. 모택동과 주은래, 주덕, 팽덕회 등 공산당의 핵심 인물이 살던 곳이다. 방과 책상, 세수하던 대야와 양치하던 컵까지 잘 보존해놨다. 한번 방문해볼 만하다. 특히《중국의 붉은 별》을 읽고 중국 공산당의 대장정과 연안 시절에 흥미를 가졌던 사람이라면 추천한다. 그 외 나머지 야오동은 연안에서도 군데군데 복원과 방치가 섞여 있다.

또, 야오동에서 어떻게 생활하고 배웠는지는 뜻밖의 장소에서 잘 볼 수 있다. 연안 신문 기념관이다. 시내에 위치해 있고 입장료로 40위안을 받는다. 크지 않은 기념관인데, 당시 신화일보와 해방일보 등 신문을 제작하던 자료들이 전시되어 있다. 2층으로 올라가면 벽 한 면 전체를 당시 야오동으로 재현해놨다. 실제 흙을 쌓아 토굴을 파고 실물 크기의 밀랍 인형들을 사실감 있게 배치했다. 토굴 속에서 희미한 등을 켜고 신문 조판을 하는 인쇄공과 볼품없는 나무 탁자에 앉아 기사를 쓰기 위해 머리를 쥐어 싸고 있는 기자의 모습이 표정 하나까지 살아 있다.

중앙당교 야오둥에서도 같았을 것이다. 제대로 밝히지 못하는 전등의 어슴푸레한 불빛 밑에 모여앉아 책을 돌려 읽고 토론을 했을 모습이 그려진다. 그렇게 날을 새다가 흙으로 쌓아올린 침대에 이불이라고 하기에는 민망한 천을 몇 장 깔고 잠을 청한다. 연필심에 침을 묻혀가며 갱지에 쓰고 또 썼다. 공산당원이 간부로 성장하기 위해 거쳐야 하는 과정이었다.

이곳에서 가르쳤던 한빈은 해방되고 북한에 들어가 김일성대학 부총장을 했다. 총장은 연안파의 상징 김두봉이었다. 최창익 역시 북한 정권에 참여해 재정상을 했다. 최창익을 비롯한 이 연안파가 1958년 종파사건의 주역이었다. 그들은 김일성이 외국을 방문해 평양에 없는 틈을 노렸다. 노동당 회의에서 김일성을 일인주의로 비판하고 당을 집단지도체제로 만들려고 시도했다. 하지만 이미 북한은 김일성 천하였다. 군부 역시 김일성이 완벽하게 장악하고 있었다. 연안파의 마지막 도박은 실패했다. 한빈도 이때 숙청됐다. 도서관 관장으로 좌천됐다가 행방이 묘연해졌다.

최창익은 사형을 선고받았다. 연안 시기에 그는 중국 공산당 내에서도 지도급 인사였다. 한국전쟁 때 중국 인민해방군 총사령관으로 참전했고 중국에서 국방장관을 역임한 팽덕회가 북한에 들어와 직접 그를 구명하는 바람에 사형은 면했다. 하지만 이미 김일성 일인 천하였던 북한에 중국이 내정간섭 형태로 개입하는 것은 오래가지 못했다. 최창익은 다시 투옥되고 얼마 후에 감옥에서 죽었다. 연안에서 쌓은 인연으로 결혼했던 허정숙과는 한국전쟁을 거치면서 이혼했다. 허울뿐이었던 최창익의 재판에서 전 부인 허정숙은 최창익에게 불리한 증언을 했다. 독립과 혁명의 대의를 같이하며 동지로, 부부로 연을 맺었던 그들의 끝은 어떤 드라마보다 비극적으로 끝났다. 허정숙도 저명한 독립운동가였다. 조선여성동우회 등 그녀가 창립을 주도한 단체만 해도 여럿이다. 해방 이후, 연안파와 결별한 허정숙은 1991년에 숨을 거뒀다. 김일성에게 협조한 대가로 장례는 국장으로 성대히 치러졌다. 평양 혁명열사릉에 묻혔다. 한빈은 언제 숨졌는지 기록조차 없다. 그들이 연안 중앙당교에서 함께 가르치고 배울 때는 미처 몰랐을 결말이었다.

조선의용군 간부를 양성한 중앙당교

바이두 맵에 연안 중앙당교(延安 中央黨校)로 검색하면 나온다. 연안
사범학교 뒷길로 들어가면 어렵지 않게 찾을 수 있다. 작고 야트막
한 산에 마을 주택들이 늘어서 있는 입구에 기념비와 작은 기와 건
물이 있다.

[26]

조선에서 설 곳을 잃은
비운의 독립투사

정율성 활동 유적지

● ● 연안延安, 옌안 – 노신예술문학원魯迅艺术文学院

　　김두봉, 윤세주, 무정, 최창익, 한빈, 허정숙 등 당대의 기라성 같
은 독립운동가들이 조선의용군을 이끌었다. 하지만 연안의 별은
따로 있었다. 바로 정율성이다. 지금도 중국이 국가로 여기는 인민
해방군가는 조선 사람 정율성의 작품인 팔로군 행진곡이다. 그는
이 밖에도 옌안송 등 많은 곡을 썼다. 남쪽에서 났고 해방 후 북쪽
에서 활동하였으나 정율성은 대륙의 연안에서 가장 빛났었다. 그

의 생애는 격동의 시대에 맞는 파란만장한 삶이었다.

하지만 아직 남쪽에는 그를 불편해하는 사람들이 많이 있다. 2011년, KBS스페셜에서 정율성에 관한 다큐멘터리를 제작했다. 이를 두고 이사회를 장악한 우파 진영에서 시비를 건다는 소문이 사내에 돌았다. 사실 우파라고 부르기에도 민망한 사람들이었지만 현실의 권력이었다. 외압의 실체는 완전히 드러나지 않았지만, 이 다큐멘터리를 방송하기까지 담당 PD는 많은 곡절을 겪어야 했다. 〈13억 대륙을 흔들다, 음악가 정율성〉은 예정된 날짜로부터 연기를 거듭한 끝에 어렵게 전파를 탔다. '해방된 지 70년이 가까운데 아직도'라는 탄식으로 한동안 제작본부에 무거운 기운이 감돌았다.

방송 제목처럼 정율성은 대륙을 흔들었다. 사회주의 신중국의 중요한 행사에서 국가 주석을 비롯한 지도부가 기념 퍼레이드에 도열해 따라 부르는 노래, 그 악보가 연안 혁명기념관에 대문짝만하게 전시돼 있다. 혁명기념관은 그 규모에서 찾는 이들을 압도한다. 광장에 거대한 모택동의 동상이 서 있다. 공산당이 이뤄낸 중국 혁명의 전 과정을 세세하게 전시관에 담았다. 입구에 들어서자마자 마주치는 조각상들이 압권이다. 모두 혁명의 주인공들이다. 또, 곳곳에 밀랍인형으로 당시 전투와 생활상을 재현해놔서 보는 재미도 쏠쏠하다. 당시 연안 거리를 실물 크기로 만들어놓은 진시관도

▎정율성이 옌안송 합창을 지휘하는 사진

있다.

젊은 시절의 모택동, 주은래, 주덕, 임표 등 훗날 대륙을 이끈 인물들의 청년 시절 모습을 곳곳에서 볼 수 있다. 그들은 총을 들고 싸우기도 하고 때론 연설하는 모습으로 나타난다. 이곳에서도 정율성이 빠지지 않는다. 팔로군 행진곡의 악보와 함께 '정율성이 지휘하는 모습'이라는 설명이 달린 옌안송을 합창하는 사진도 있다. 안타깝게도 지휘자는 뒷모습만 나와 있다.

조선의용군에 대한 자료가 이 사진 한 장뿐이라는 점이 아쉬웠다. 1945년 9월 연안을 떠나기 전 조선혁명군정학교 전체 학생들이

| 1945년 연안을 떠나기 전 조선의용군 단체사진

모여 찍은 기념사진 설명에도 중간에 정율성이 있다고 쓰여 있다.

정율성이 음악을 배우고 가르쳤던 곳이 연안에 아직 남아 있다. 노신예술문학원鲁迅艺术文学院이다. 이 예술문학원 출신의 대표적인 인물로 근현대 중국에서 첫손에 꼽는 문학가이자 사상가인 노신鲁迅, 루쉰을 들 수 있다. 그는 주로 중국의 현실을 고발하고 폭로하는 글을 썼다. 우리에게는 《아큐정전阿Q正傳》으로 유명하다. 모택동은 젊었을 때 대학교의 사서로 일한 적이 있다. 그는 평생 손에서 책을 놓지 않았다는 일화가 유명할 정도로 독서광이었다. 1936년 노신이 사망했을 때, 모택동은 장례위원이 되어 대작가의 가는 길

259

| **노신예술문학원 전경** | 정율성이 팔로군 대합창과 옌안송을 작곡한 곳. 원래 천주교 교당으로 쓰던 건물이라 멀리서 봐도 고풍스럽다.

을 배웅했다. "노신은 위대한 문학가, 사상가, 혁명가이다. 그분이 주장하는 방향이야말로 중화 민족이 지향해야 할 신문화의 방향이다." 모택동의 말이다. 노신예술문학원의 현판 글씨도 이곳을 아낀 그가 직접 썼다고 한다.

이 문학원은 시내에 있다. 정율성은 팔로군 대합창과 옌안송을 이곳에서 작곡했다. 원래는 천주교 교당으로 쓰던 건물이어서 멀리서 봐도 고풍스럽다. 1937년부터 중국 공산당 중앙당 학교로 쓰이다가 1939년부터 노신예술학원으로 간판을 바꿔 달았다. 건물 곳곳을 기념관처럼 꾸며놨다. 교당 안에는 중국 공산당 6기 6중 전회가 개최된 장소를 기념한 자료들이 많다. 교당 옆 건물들을 음악, 미술, 문학으로 구분해 당시의 소품과 자료들을 전시하고 있다. 음악이라는 명패를 보고 들어가니 연안 시기에 쓰던 피아노와 바이올린 등 악기가 오래된 모습을 하고 관람객을 맞는다. 헤지고 벗겨진 낡음이 오히려 고급스럽게 보였다. 토굴을 파고 살면서도 악기를 연주하고 곡을 쓰는 모습이 담긴 사진이 인상적이었다. 공산당은 문예 선전 활동을 중시했다. 혁명가요는 그 중요한 수단이었다. 이곳에서 음악을 가르쳤던 교원들의 명부가 있었는데, 그 가운데 정율성의 이름이 보였다.

비록 같은 민족은 아니었지만, 정율성은 중국인들도 공감할 만한 정서를 악보에 담았다. 노랫말이 중요했다. 정율성은 가사를 얻기 위해 직접 찾아다니며 부탁했다. 시인 공목에게 찾아가 부탁하기도 했다. 최전선에 있다가 연안으로 돌아온 공목은 자신이 누비던 전선의 모습을 글로 풀어냈다. 그 결과 총 8곡으로 구성된 웅장한 팔로군 대합창이 세상에 모습을 드러냈다. 그중 한 곡이 4백만 인민해방군을 대표하는 노래 쌀로군 행진곡이다.

교당 뒤편으로 교원들의 사택으로 추정되는 건물이 남아 있다. 정율성의 가족도 연안에 있었다. 평생의 반려자인 아내 정설송^{鄭雪松, 딩쉐쏭}과 결혼식을 올린 곳도 이곳 노신예술문학원이었다. 부부의 사진도 기념관에 있다. 정설송도 신중국 건설 이후 최초의 여성 대사가 된 항일투사였다. 중국 정부는 이곳을 계속 확대 보수하고 있다. 내가 예술문학원을 찾은 날에도 교당 앞쪽으로는 공사가 한창이었다. 혁명 성지를 성역화하는 작업이다. 보수 공사를 마친 후의 조감도가 교당 앞에 크게 걸려 있었다.

정율성은 음악가로만 안주한 것은 아니다. 지휘봉을 든 항일투사에 가까웠다. 연안에서도 조선혁명간부학교의 건립을 주장했다. 그는 체계적인 군사 훈련과 간부급 인재 양성이 중요하다고 입버릇처럼 말하고 다녔다. 연안과 태항산을 오가며 의용군으로서의 활동을 게을리하지 않았다. 계급 혁명과 조국의 독립은 모두 놓을 수 없는 가치였다. 조선의용대통신에 실린 '조국의 독립을 위하여 대동단결을 촉구하는 결의문'은 정율성의 인식을 잘 보여주는 호소문이다. 그는 음악에 살았고 전장에 투신하는 것을 두려워하지 않았다. 둘 모두를 얻고자 했다. 중국에 살았지만, 늘 조선을 원했다.

하지만 해방 이후 위대한 작곡가는 역사의 질곡을 비켜가지 못했다. 조선이 둘로 쪼개지면서 정율성도, 그의 음악도 설 곳을 잃었다. 북한에서 조선인민군행진곡을 작곡했으나, 김일성 일인 숭배체제가 되면서 거의 불리지 않게 되었다. 대한민국은 그 조선인민군행진곡 때문에 정율성을 껄끄러워한다. 그는 1976년 중국에서 숨을 거뒀다. 함께 빛나는 연안의 별이었던 모택동, 주덕, 주은래도 앞서거니 뒤서거니 하며 그 해에 세상을 떴다.

| 찾아가는 길 |

정율성 활동 유적지, 노신예술문학원

주소는 섬서성 연안시 교아구진(陝西省 延安市 桥儿沟镇)이다. 천주교
교당 건물이 눈에 띈다. 새로 닦은 도로 옆이라 널찍하고 차량도
많지 않다. 공사 조감도를 보니 지금보다 훨씬 큰 규모로 정비가
예정되어 있다.

27

죽음 뒤에야
명예를 되찾은
조선의 혁명가

김산 활동 유적지

●● 연안^{延安, 옌안} – 항일군정대학^{抗日军政大学}

항일군정대학의 개교할 때 이름은 '중국인민항일홍군대학'이었다. 1937년 연안으로 이전하면서 이름을 중국인민항일군사정치대학으로 바꿨다. 지금은 항일군정대학^{抗日军政大学}이라는 이름이 익숙하다. 이곳에서 조선의용군 제2지대 청년 30여 명이 배웠다. 이곳은 님 웨일즈가 쓴《아리랑》의 주인공 김산이 강의했던 곳으로 더 유명히디. 김산은 님 웨일즈를 만날 당시 군정내학에서 일본경제

▎항일군정대학 당시 강의실을 재현한 전시물

와 물리와 화학을 가르치고 있었다.

군정대학 건물은 2차 대전이 끝난 후 국공내전 당시 국민당군의 포격으로 파괴되고 지금은 표지석만 커다랗게 남아 있다. 뒤로 당시 건물을 복원해 기념관으로 만들어놨다. 중국 각지에서 연안을 찾는 관광객들로 북적인다. 정문에 현판이 걸려 있다. 쭉 들어가면 기념관이다. '항대抗大'라고 붉은 천에 쓰여 있는 깃발이 맞아준다.

모든 것이 부족한 전시 상황이다 보니 대학이라고 다르지 않았다. 야오동에 칠판 하나 걸어놓고 돌 몇 개 갖다 놓은 강의실도 보인다. 큰 돌이 교탁이고, 작은 돌이 학생들의 의자다. 조촐한 교실의 모습과 달리 당시 선생과 학생들이 배우고 익히던 자료들이 많았다. 어김없이 정율성의 사진이 눈에 띄었다. 팔은 지휘를 하고 입은 벌려 노래를 하고 있었다. 정율성 앞에 학생 2명의 뒷모습이 사진에 찍혔다.

또, 군정대학이었으니 군사훈련 자료가 적지 않다. 당시에 쓰던 무기들은 물론 총기분해와 유격훈련 사진들이 이 학교의 정체성을 말해준다. 여성들도 예외는 아니었나 보다. 줄을 서 총을 들고 있는 여학생들의 표정이 긴장되어 보인다.

김산의 사진은 보이지 않았다. 당연하다. 그는 이곳에서 처형당했다. 님 웨일즈의 기록이 없었다면 산 넘고 강 건너 대륙까지 와서 풍찬노숙하던 조선의 혁명가는 일개 이름 없는 밀정으로 사라

| 김산　　　　　　| 님 웨일즈

질 뻔했다. 그의 본명은 장지락으로 1905년 평안북도 용천에서 태어났다. 가명이 많았다. 이철암, 한비종, 유종화 등이 모두 김산의 가명이다. 김산이라는 가명은 조선의 금강산을 다녀왔다는 님 웨일즈의 권유로 지었다.

그는 3·1운동에 참여했다. 만주로 건너가 신흥무관학교에서 군사학을 배웠고 상해 임시정부 기관지인 독립신문의 교정 일을 했다. 우리 독립운동의 역사가 그의 삶에 고스란히 녹아 있다. 그는 탄광에서 노동자로 일하기도 했다. 하북성 석가장이라는 도시에서는 철도 노동자를 조직화하는 사업을 벌이기도 했고, 4천여 명이 넘는 학생들의 시위를 이끌어내기도 했다. 이후 공산당의 요청을 받고 연안으로 건너와 군정대학에서 교편을 잡았다. 이때 만난 외국 기자가 님 웨일즈다. 님 웨일즈는 노신 도서관에 들렀다가 그녀가 찾던 영문책이 모두 한 조선인 청년에게 대출되었다는 사실을 알게 된다. 수소문 끝에 그를 찾았다. 그는 그녀에게 자신의 생애를 들려줬다. 이 기록이 김산이 처형된 후인 1941년《아리랑》이라는 제목으로 출판됐다.

일본군이 북경을 넘어 화북지역으로 진입하면서 본격적인 항일전쟁이 시작됐다. 연안에 정풍 바람이 불었다. 적의 밀정을 처단해야 했다. 당성이 부족한 사람들도 솎아내야 했다. 전시에는 내부의 티끌만 한 틈도 용납할 수 없다는 것이 명분이었다. 더구나 일본은 밀정을 활용하는 데 능했다. 조선인들이 많이 동원됐다. 중국인들은 조선 사람을 동지로 대하면서도, 일면 밀정으로 의심의 눈초리를 놓지 않았다.

일본 경찰에 의해 체포와 석방을 거듭했던 김산이 의심을 샀다. 1938년 김산이라는 이름을 쓰던 독립운동가 장지락은 반역자, 일본 스파이, 트로츠키주의자로 지목되어 비밀리에 처형된다. 군정대학에서 강의하던 도중 체포됐다. 님 웨일즈는 김산의 처형 사실을 1980년이 넘어서야 알았다. 그녀의 나이도 80이 넘은 때였다. 중국공산당 중앙조직부는 1983년 그를 복권시켰다. '김산의 처형은 특수한 역사 상황 아래서 발생한 잘못된 조치였다'는 공식 발표가 있었다. 불꽃처럼 살았던 조선의 혁명가는 그제야 명예를 되찾았다.《아리랑》의 한 구절이 그의 삶을 말해준다.

'내 젊은 시절을 어디에선가 잃어버렸다.
그게 어딘지는 알 수 없다.
하지만 우리는 언젠가 조선으로 돌아갈 것이다.
울면서 돌아가지는 않을 것이다.
지금 우리는 마지막 아리랑 고개를 넘어가고 있기 때문이다.'

김산 활동 유적지, 항일군정대학

주소는 섬서성 연안시 이도가 봉황빈관 뒤편(陝西省 延安市 二道街 鳳凰賓館)이다. 연안의 번화가인 이도가(二道街, 알다오지에)에 있어서 차를 세울 장소를 찾기가 힘들었다. 옛터 기념비 뒤로 기념관을 번듯하게 잘 꾸며놓아서 찾기가 쉽다. 기와가 번듯한 대문 밑에 '항일군정대학'이라는 팻말이 흡사 북경대학 문과 비슷하다는 생각이 들었다.

28

끝까지 빛을 발한
조선인들의 항일정신

기동인민항일폭동기념비

●● 하북성河北省, 허베이성 – 기동冀东, 지동

일본 황군이 대륙을 집어삼켰다. 그들은 철도를 따라 선을 그리며 진군했고 주요 대도시를 손에 넣으며 차례로 점을 찍었다. 도요토미 히데요시가 명나라로 가는 길을 빌려 달라며 군사를 일으킨 후 4백여 년이 채 안 되어서 그 후손들이 도요토미의 꿈을 이룬 것이다. 황군은 의기양양했다. 문자로 역사를 기록한 이래 처음 있는 일이었다. 남경에서 수십만을 학살하고도 거리낌이 없었다. 장개석

271

이 중경으로 옮기고 나서는 사천과 중국 서북부를 제외한 대륙 거의 전역에 일장기가 휘날렸다.

하지만 황군에게도 고민이 있었다. 점과 선으로 나아가다 보니 앞으로 나아갈수록 후방이 불안했다. 일본은 후방을 안정시키기 위해 총력을 다했다. 일본에 협력하는 중국인을 골라 국가를 세웠다. 동북에서는 청나라 마지막 황제 푸이를 데려와 만주국을 세웠다. 중국 각지에 그런 정부가 여럿 있었다. 변절한 국민당 고위 관료인 왕징웨이는 남경 정부의 수반이 됐다.

'기동冀东, 지동'이라는 곳이 있었다. 지금 북경에서 진황다오에 이르는 하북성河北省, 허베이성 동북부 일대를 가리키던 지명이다. 기冀라는 글자는 하북성의 약칭이다. 이곳에도 나라가 세워졌다. 기동방공정부다. 방공은 '공산당을 막는다'는 뜻이다. 하급관리였던 중국인 은여경이 영악하게 대세를 읽었다. 그는 일본에 적극 협조하며 방공을 명분으로 내세웠다. 그리고 만주국과 같은 나라를 꿈꿨다. 하지만 일본도 쉽게 허락하지는 않았다. 정부라는 이름으로 만족해야 했다. 자체적으로 은행을 만들어 돈도 찍어냈지만, 오래가지는 못했다. 2년을 조금 넘긴 후, 일본군은 기동방공정부를 남경 정부에 합병했다.

모두 후방의 안정이 목적이었다. 모택동이 이런 일제의 의중을 정확히 꿰뚫어봤다. 후방을 교란시키는 것은 그때나 지금이나 세가 약한 게릴라전의 교본이다. 수많은 홍군이 기동으로 들어와 공작을 했다. 농민과 노동자들을 조직해 근거지를 만들기 위해 애를 썼다. 이를 적구공작敵區工作이라 불렀다. 기동 지역에는 농장이 많았다. 일본은 만주에서 그랬듯 이곳에서도 조선인과 중국인의 반목을 이용했다. 중국 농민들을 내쫓은 곳에 집단 농장을 만들고, 한반도와 만주의 조선인들을 이주시켰다. 중국인들은 당장 자신들의 땅에서 농사를 짓고 있는 눈앞의 조선인들을 경멸했다. 조선인들은 생존을 위해 일본군의 보호를 받으며 자체적으로 무장했다. 가진 자는 현상 유지를 원하기 마련이다. 땅을 가진 조선인들은 떠나올 때와는 달리 보수적이 됐고 일본에 적극 협력하는 이들이 늘어났다.

무정의 보고에 의하면 기동에는 노대농장, 백각장농장 등 16개의 조선인 농장이 분포해 있었다. 노대농장에 4,500여 명, 백각장농장에 2,500여 명의 조선인 농민이 있었다. 경상도와 전라도에서 온 조선 사람들과 중국 화북 각지에서 붙들려서 강제로 이주당한 사람들로 구성되어 있었다. 일본은 농장에 군대를 배치했다. 백각장농장의 경우 일본 천진영사관에서 기관총과 소총으로 무장한 경찰관과 경비대를 배치했다.

기동에서 적구공작을 수행하기에는 조선인이 제격이었다. 태항산과 연안의 조선의용군들이 선발됐다. 그들은 농장과 탄광의 조선인들에게 파고들었다. 정작 싸워야 할 대상이 누구인지를 깨우치고 멀지 않은 곳에서 중국인과 조선인이 연합해 치열하게 전투를 벌이고 있음을 알렸다. 밀고로 목숨을 잃는 이들도 있었으나 점차 성과가 나타났다. 농장에서 빠져나와 태항산으로 향하는 조선 청년들이 하나둘 늘었다. 지하조직도 만들어 파업과 소작쟁의를 적극적으로 벌였다.

기동은 군사적으로 요충지였다. 북경에서 동북으로 가는 길목이었다. 그중 한곳인 진황다오는 만리장성의 끝인 산해관이 있던 곳이다. 그곳에는 천하제일문이라는 명패가 있다. 수천 년 동안 이곳을 경계로 한족과 이민족이 서로 칼을 겨눴다. 청나라를 세운 누루하치도 산해관을 넘지 못하고 죽었다. 명나라 장수 오삼계가 배신해 문을 활짝 열고 나서야 강희제는 대륙을 제패할 수 있었다. 공산당 홍군은 요충지인 이 지역을 매우 중시했다. 그 때문에 기동 곳곳에 지하 군사조직이 생겼다.

하지만 기동지역에서 활동했던 조선의용군의 흔적은 찾기 어렵다. 농장이 있던 곳도, 의용군이 들어와 적구공작을 수행했던 곳도 학술적으로 완전히 고증되지 않았다. 조선의용군 연구로는 대한민국에서 가장 천착해온 전문가 중 한 분인 염인호 교수님께 기동과

┃기동인민항일폭동기념비

산동지역에서 활약했던 의용군의 흔적에 대해 물은 적이 있다. 그
러자 본인도 해야 할 과제라고 생각한다며 안타까워했다. 후학들
의 몫이다. 지금은 진황다오가 기동에서 큰 도시지만, 당시에는 탕
산이 중심 도시였다. 탕산은 북경에서 기차로 한 시간이 조금 넘게
걸리는 도시다. 진황다오로 가는 중간에 있다. 이곳에 '기동인민항
일폭동기념비'가 있다.

　기동 지역에 자체적으로 남아 있는 항일전쟁기념관이나 유적지
가 몇 안 되었기 때문에 혹시 조선의용군 관련 흔적이 있을까 해서
들려보았다. 이 기념비는 시내 대성산 공원 안에 있다.

기동 지역 인민폭동은 1938년에 있었다. 공산당의 지시를 받은 기열료 지구 특위가 주도했고 인근 20개 현의 농민과 노동자들이 참가했다. 은밀히 이동해 들어온 팔로군들이 도처에서 전투를 벌였다. 장강을 넘어 남방을 석권하고 동남아로 나아가던 일본군이 깜짝 놀랐다. 전선이 점과 선이 아님을 알려준 폭동이었다. 조선인들도 참가했다. 의용군은 아니었지만 중국 공산당에서 활동했던 조선인 주문빈도 지도부로 참가했다.

석가장에 화북열사능원이 있다. 정중앙에 '혁명열사들은 영생불멸하라'는 글귀가 새겨진 비석과 함께 10명의 화북지역 혁명영웅들이 새겨져 있다. 그중 앞자리를 주문빈이 차지하고 있다. 그의 원래 이름은 김성호다. 그는 평안북도 의주 사람으로 일찍이 기동지역으로 잠입했고 기열특위 조직부장을 했다. 탄광 파업을 주도했고 무장 대오를 만들었다. 이곳에서 일본군과 여러 차례 전투가 벌어졌는데, 1938년 20만 명이 참가한 기동 폭동은 주문빈 같은 지도부가 있어서 가능했다. 다른 수많은 동지가 그랬듯 그도 일본의 패망을 보지는 못했다. 기동 항일근거지를 소탕하려는 일본군과 교전하던 중 전사했다.

주문빈 외에도 많은 조선인이 기동에서 활동했다. 태항산을 거쳐 연안에 있던 박일우도 기동에 파견되어 활동했었다. 의용군 출신들의 회고를 담은 기록을 보면 기동에 파견되어 활동했던 이름 들이 여럿 나온다.

그렇지만 아쉽게도 기념비 외에는 별다른 유적이 없었다. 한단 이나 석가장에 있는 열사능원보다는 규모도 작고 찾는 이도 거의 없는 듯했다. 비석은 높았지만, 그 외에 기념관이라든지 하는 부속 시설은 없었다. 기념비 뒤에 항일에 참가했던 민중들의 조각상만 덩그러니 있었다. 탕산도 일부러 찾기에 쉬운 도시는 아니다. 진황 다오는 산해관과 베이다이허라는 관광지가 있어 유명하지만, 탕산 은 볼거리도 없고 딱히 기억에 남는 도시도 아니다. 스모그가 짙은 날이었는데 흙먼지까지 휘날리는 거리는 낙후한 중국의 지방도시 그 이상도 이하도 아니었다.

이곳 어디쯤 논밭이 있었고 끌려오거나 이주한 조선인들이 농장 을 일궜다. 그렇게 하북 지역에 터를 잡은 조선인들은 저 너머 멀지 않은 곳에 조선 군대가 싸우고 있다는 풍문을 이따금 듣곤 했다. 나 라를 잃은 지 수십 년, 조선이라는 이름이 사라진 후 태어난 청년 들이 허다했다. 그래도 그들은 풍문을 쫓아 무작정 농장에서 빠져 나와 기차를 타고 또는 걸어서 조선 군대를 찾아갔다. 일부는 태항 산으로 갔고 일부는 연안으로 향했다. 남아 있는 이들은 씨를 뿌리 고 밭을 일구며 때를 기다렸다. 기동에 그런 조선인이 수만이었다.

기동인민항일폭동기념비

하북성 탕산시(河北省 唐山)는 북경에서 기차로 한 시간 조금 더 걸
리는 거리에 있다. 탕산 북역에서 내리면 시내까지 택시로 40여
분 남짓 들어가야 한다. 탕산역을 이용하는 것이 좋다. 기념비는
시내에 있다. 대성산 공원 문 뒤에 바로 있어 찾기 쉽다.

29

조선의용군의
대장정,
막을 내리다

오가황 조선족학교

●● 심양^{沈阳, 셴양} – 오가황^{吳家荒, 우지아황}

김구의 말처럼 해방은 도둑처럼 왔다. 일본군의 패색은 짙었지만, 누구도 이렇게 빠른 항복을 예상하지 못했다. 연안의 조선의용군은 술렁였다. 이루 말할 수 없는 환호와 기쁨, 미래에 대한 모색이 겹쳤다. 답은 의외로 간단했다. 조선인은 조선으로. 우선 만주땅 동북으로 간다는 결론 외에 다른 생각이 없었다. 동북은 조선인 수백만이 사는 제2의 조선이었디. 최창익을 비롯한 조선의용군 좌파

들은 무한 시절부터 의용군의 동북행을 주장했었다. 그때도 조선인의 투쟁은 조선인들 사이에서 해야 한다는 명제가 많은 의용군의 호응을 얻었지만, 여건상 실현되지는 못했었다.

연안과 태항산의 의용군은 바로 짐을 쌌다. 팔로군 총사령관 주덕의 명령도 떨어졌다. 의용군의 동북행이 공식적으로 승인을 얻었다. 가장 먼저 동북의 입구인 기동에 있던 의용군들이 움직였다. 동북 최대 도시인 심양沈阳, 센양이 집결지였다. 마침 해방되기 1년 전 하북의 창려현의 허름한 농가에서 조선의용군 1지대가 설립됐었다. 기동 지역에서의 무장투쟁과 선전활동을 목적으로 조직됐다. 당시 기동지구 공산당 지도부에 있던 주문빈이 적극 도왔다. 주문빈도 조선인이었다. 이 부대가 조선의용군 선견대라는 이름으로 심양으로 이동했다. 일본이 패망하자 이동하는 의용군에 자원하는 조선 청년들이 폭발적으로 늘었다. 선견대는 팔로군을 따라 심양에 제일 먼저 들어갔다.

연변대학에서 조선족 항일역사를 다룬 책을 보면 당시 상황이 군데군데 정리되어 있다. 8월 15일 당일에 심양 서탑에 있는 조선인 중학교에서 조선인 경축대회가 열렸다. 5백여 명이 참가했다. 일본군과 친일파들을 척결하기 위해 조선인 무장력이 필요하다는 주장이 여기저기서 튀어나왔다. 바로 3일 후에 조선의용군 독립지

| 서탑 조선족 6중학교 | 광복 후, 친일파를 척결하기 위해 조선의용군 독립지대 접수를 받았던 곳이다.

대가 심양에서 만들어졌다. 부대 창설을 주도한 한청은 연안 조선혁명군정학교 졸업생이었다. 조선 청년들이 구름처럼 모여들었다. 삽시간에 대오가 천여 명으로 늘어나 9개 중대로 편성됐다. 이 부대가 9월 중순 기동에서 진군해온 의용군 선견대와 합쳐졌다. 선견대를 이끌고 오는 주연도 한청과 조선혁명군정학교를 다닌 동창이었다. 선견대도 심양으로 오면서 대오가 계속 늘어 이미 5백여 명에 육박하고 있었다. 대부대가 됐다.

꿈같은 광복을 맞아 경축대회를 열고 조선의용군 독립지대를 만들기 위해 접수를 받았던 조선인 중학교는 아직 시탑에 있다. 지금

│심양 서탑거리 전경│ 거리에는 평양관, 모란각, 능라도 등의 북한식당 여러 개가 밀집해 있다.

은 서탑 조선족 6중학교라는 이름이다. 그곳에 가보니 인조잔디가
잘 깔려 있다. 북방의 3월에는 봄기운이 이르다. 하지만 학생들은
잔디 위에서 축구를 하느라 겨울을 잊은 듯했다. 서탑은 동북 3성
에서 한국인과 조선족이 가장 밀집한 거리로 꼽는다. 서탑가 1킬로
미터가 조금 넘는 거리는 우리말 간판이 절반이다. '서탑가西塔街, 시타
지에'라고 크게 쓰여 있는 입구 바로 옆에는 평양관이라는 커다란 간

판의 북한 식당이 있다. 이 거리에는 북한 식당만 해도 평양관, 모란각, 능라도 등 여러 개가 밀집해 있다. 한인회 바로 옆에는 조선족 기업가협회 사무실이 있고, 멀지 않은 곳의 칠보산 호텔은 북한 사람들이 드나드는 주요 근거지다. 탈북자들이 음으로 양으로 모여드는 곳도 심양이다. 한 거리에 같은 민족이 서로 다른 이름으로 자리 잡고 있는 곳이 서탑이다.

태항산의 의용군도, 연안의 의용군도 9월이 넘어가면서 모두 동북으로 행군했다. 혁명 성지 연안을 떠나던 날, 의용군 대원이었던 최강의 회고가 남아 있다.

"우리는 우리가 지어놓은 자그마한 조선 마을인 나가평을 떠날 때 걸음을 멈추고 머리를 돌려 보고 또 보면서 뜨거운 눈물을 흘렸다. 우리는 마음속으로 나가평을 외우고 또 외우면서 '잘 있거라, 연안이여'라고 인사했다. 남은 사람들의 '몸조심하오'라는 소리가 울리는 듯했다."

의용군은 매일 30킬로미터씩 행군했다. 낮에만 걸었다. 중간중간 팔로군 병참부대의 지원을 받아 식량을 얻었다. 황하를 건너 산서성에 들어서니 가을이었다. 은강 석굴이 있는 신서성 따퉁을 지나 내몽골을 지났다. 이곳 내몽골 장가구라는 도시에서 태항산을 떠난 의용군 백여 명과 만나 부대를 재편했다. 대오는 4백여 명을 훌쩍 넘었다. 행군이 익숙해지면서 하루 이동거리도 늘었다. 40리에서 50리를 넘어 70, 80리를 예사로 걸었다. 동북이 가까워져 오면서 일본군 패잔병과 이미 공산당을 적으로 규정한 국민당 부대의 공격을 받을 가능성도 커졌다. 행군은 빠르지만 긴장된 분위기에서 진행됐다. 북방의 찬 바람이 불어올 무렵 드디어 조선의용군 본대가 심양에 진입했다. 그들은 오가황呉家荒, 우지아황에 짐을 풀고 숙영했다.

오가황에 그때를 기리는 유적이 남아 있다. 오가황 조선족 소학교 안에 조선의용군 기념비가 그것이다.

2007년, 생존해 있던 의용군들을 중심으로 뜻있는 사람들이 십시일반으로 돈을 모아 만든 기념비다. 아직 살아 있던 의용군 출신 노인들은 먼저 간 동지의 이름이 나올 때마다 말을 잇지 못했다고 한다. 오가황은 서탑에서 택시로 30여 분쯤 걸린다. 시내에서 가까운 거리는 아니다.

중국의 학교들은 외부인의 방문이 까다롭다. 특히 동북의 조선족 학교들은 한국인의 방문에 민감하다. 방송 촬영으로 사전 섭외를 마치고 찾아가도 당이나 시정부의 공무원이 동행하여 지켜본

┃ 오가황 조선족 소학교 안에는 조선의용군의 기념비가 남아 있다.

다. 교장까지 연락해 섭외를 마치고 갔지만, 학교의 젊은 한족 공산
당원이 반대해 현장에서 취재가 무산된 적도 있다. 소수 민족 문제
는 중국의 역린쯤으로 생각하면 된다. 약속하지 않은 방문을 반길
리 없다. 하지만 조선의용군 유적을 찾아 한국에서 왔다고 사정을
얘기하자 자기들끼리 뭐라 뭐라 얘기하더니 교문을 열어주었다.

　학교 건물 끝 편 앞에 기념비가 있었다. 뒷면에 조선의용군의 역
사가 쓰여 있었다. 중국 공산당의 영도를 받은 조선의용군으로 시
작하는 문구는 선조들의 항일을 제대로 기억하고 써내려가지 못한
후손들의 죗값이라는 생각이 들었다. 그래도 이렇게 잊히지 않은

것이 천운이다. 의용군 스스로 기억하고 비석까지 세웠다. 대한민국의 후손들은 이제 이런 것 정도는 기릴 수 있는 형편이 되었다. 나라의 세금은 이런 곳에 써야 한다. 조선족 신문을 보면 이 학교 4층에 조선의용군 기념관이 있다고 했다. 당시 자료들을 모아 전시한 작은 공간인 듯했다. 하지만 학교 안에는 들어가 볼 수 없었다. 학교 관계자가 기념관이 없다고 말하니 방법이 없었다. 그러고 보니 학교 건물도 3층이었다. 개인으로 돌아다니는 여행객의 답사로는 한계가 있다. 언젠가 사전 섭외를 하고 정식으로 찾아볼 날을 기약하며 발길을 돌렸다.

1945년 11월 16일 심양 교외에 있는 우홍구 오가황 조선인학교에서 조선의용군 전원대회가 열렸다. 이미 의용군은 2천여 명을 넘어서고 있었다. 항일투쟁의 전설 무정이 직접 사회를 보며 사자후를 토해냈다. 의용군만 모인 것은 아니었다. 인근의 조선인들이 모두 모여들었다. 일제가 강제로 대한제국을 합병한 지 36년 만에 조선인들이 조선의 군대를 보는 날이었다. 당시 의용군의 회고가 그날의 감격을 말해준다. "우리들은 처음으로 조선 사람의 집에서 조선의 쌀밥, 조선 김치, 조선 곡주를 먹었다. 우리들은 동포들의 사랑과 존경을 받으면서 격동된 심정으로 피로를 풀었다.'

대륙의 남쪽 남경에서 시작된 의용군의 고단한 여정이 이렇게 끝을 맺었다. 약산 김원봉과 석정 윤세주 등이 의열단 깃발을 내리고 조선의 군대를 결의한 이후, 중국 대륙을 남북으로 그리고 동서로 가로지르는 대장정이었다. 십 년에 가까운 시간이 훌쩍 넘게 걸렸다. 조선 독립을 보자며 함께 나섰던 많은 동지가 곁을 떠났다. 빈자리는 조선 독립을 열망하는 새로운 얼굴들로 채워졌다. 내일이 보이지 않는 여정이었다. 그 길을 참고 또 참으며 걸었다. 마침내 귀향이었다.

오가황 조선족학교

바이두 맵에 심양시 우홍구 오가황(沈阳市 于洪区 吴家荒) 조선족 학
교를 검색하면 된다. 심양을 찾는 사람들은 호기심과 익숙함에 주
로 서탑에서 묵게 된다. 이곳은 24시간 영업 간판이 많은 동북 최
대의 유흥가이기도 하다. 경축대회가 열렸던 조선족 6중학교는 서
탑의 입구에 있다. 북한 식당인 능라도 옆이다. 오가황 조선족학교
는 서탑에서 20킬로미터쯤 떨어져 있다. 조선족 소학교와 3중학
교가 있다. 바이두 맵에 검색하면 바로 나오기 때문에 어렵지 않게
찾아갈 수 있다.

격변의 시대를
불꽃으로 살아낸
그들을 기억하며

    대장정. 우리가 아는 대장정은 중국 공산당의 역사다. 장개석이
공산당의 궤멸을 목표로 총 공세를 감행하자 공산당 홍군 8만 명
은 짐을 쌌다. 그들은 추격해오는 장개석의 국민당 군과 싸우며 새
로운 근거지를 찾아 나섰다. 1934년에 시작한 행군은 18개의 산
맥을 넘고, 17개의 강을 건너 1935년 섬서성 연안에서 끝났다.
12,500킬로미터를 걸었고 단 8천 명이 남았다. 하지만 살아남은
사람들은 이전과 비교도 할 수 없을 정도로 강해졌다. 이 대장정을
발판으로 중국 공산당은 마침내 1949년 장개석을 대만으로 몰아
붙이고 대륙의 주인이 됐다.

우리에게도 대장정이 있다. 지금으로부터 80년 전인 1938년 중국 무한에서 조선의용군이 창설됐다. 이미 중일전쟁이 한창이었다. 창설 얼마 후, 중국 국민당의 무한 방어선이 무너지면서 조선의용군은 바로 짐을 싸야 했다. 그들은 계림을 거쳐 중국의 전시 수도인 중경에 터를 잡았다. 그리고 곧 황하를 도강해 일본군과 중국 공산당이 교전하던 최전선으로 북상했다. 중국의 그랜드캐니언이라는 태항산 줄기가 그곳이다.

이미 6년을 거슬러 올라간 1932년 난징에서 독립투사들을 양성하겠다고 약산 김원봉이 주도해서 만든 조선혁명군사정치간부학교가 모태가 되었으니, 조선의용군의 시작은 더 소급할 수 있다. 사실 따지고 보면 연원은 1919년 만주 길림성까지 뻗는다. 바로 의열단이다. 의열단의 창립 멤버였던 약산 김원봉, 석정 윤세주가 조선의용군 역시 주도했다. 일제가 손꼽던 최악질 테러리스트, 식민통치의 상징이었던 조선총독부와 종로경찰서에 폭탄을 던진 유일한 독립투사들, 바로 그 의열단이 십수 년의 세월을 거쳐 조선의용군이라는 깃발을 든 것이다.

태항산의 의용군은 중국 공산당의 근거지였던 연안으로 일부가 이동한다. 일제가 패망한 후, 조선의용군은 만주 심양으로 집결한다. 중국의 동북, 만주는 수백만의 조선인이 땅을 일구던 제2의 조선이었다. 1919년 이후, 1932년 이후, 1938년 이후, 다시 만주를 찾기까지의 시간과 이동거리야말로 대장정이다. 한 세대가 훌쩍 흘렀고, 수만 킬로미터를 훌쩍 넘어간 장구하고 지난한 투쟁 끝에 다시 찾을 수 있었던 땅이었다. 그동안 조선의용군의 발자국이 찍힌 장소가 바로 우리 독립운동의 현장이다. 동쪽으로 산동반도, 남쪽으로 계림, 서쪽으로 혁명 성지 연안, 북쪽으로 심양에 이르기까지 대륙 전역을 종으로 횡으로 엮는 치열함이다.

하지만 역사는 얄궂다. 조선의용군의 대장정은 승리의 역사로 기록되지 못했다. 그들은 해방된 조국 어디에서도 환영받지 못했다. 해방 전 한반도를 둘러싼 조선인 무장대오는 크게 셋이었음을 이미 언급한 적이 있다. 대한민국임시정부의 광복군과 만주의 항일빨치산이 주축이 된 소련 영내의 88여단, 그리고 조선의용군이다.

광복군은 청산하지 못한 친일파와 공존해야 하긴 했지만, 남쪽의 큰 줄기가 되었다. 역사는 제자리로 돌아가게 마련이다. 친일파의 흔적을 조금씩 지워간 대한민국은 이제 국군의 연원을 자랑스러운 광복군으로 떳떳하게 찾을 만큼이 됐다. 만주의 항일빨치산들은 북쪽의 건국을 주도했다. 소련의 후원을 업은 김일성과 그 부대원들은 북한을 장악한 후, 김씨 왕조를 수립해 지금에 이르고 있다. 88여단의 후손들은 지금도 북한에서 혁명 가계를 자처하며 그들만의 공화국을 버텨가고 있다.

조선의용군만이 제자리를 찾지 못했다. 남쪽에서도 북쪽에서도 그들은 지워졌다. 남쪽은 그들을 빨갱이라 잊었고, 북쪽은 김일성 유일사상에 반기를 들었다며 숙청했다. 해방된 조국에서 가족은 전쟁 중에 학살당했고, 당사자들은 어디로 사라졌는지 서류 한 장 찾을 수가 없다. 독립 투쟁의 최전선에 섰던 역사의 정당성도, 그 긴 세월의 대장정도 무색해지는 순간이다. 다행히 몇몇 뜻있는 움직임이 대륙에 그들의 흔적을 약간 남겨놓았다.

운 좋게 중국 체류의 기회를 잡았다. 시간이 되는대로 그 약간의 흔적들을 말 그대로 훑었다. 말도 서툴고 현지 사정을 전혀 모르는 상태로 찾아다니기 급급한 답사객 형편이었던지라 뭔가 전문적인 내용을 담지는 못했다. 하지만 조금이라도 더 알리고 싶었고, 다시 찾아올 이들이 조금이라도 더 수월길 바랐다. 가늠할 수 없는 빚을 진 후대로서 가신 열사들에게 얼마간이라도 예의를 갖추고 싶었다.

잘 먹고 잘 자라 부족한 것 없이 살고 있다. 그래서 당시를 상상하기는 쉽지 않다. 격동의 시대를 살지 않았고, 격동의 시대를 살았다 한들 그들처럼 최전선으로 달려나갈 용기가 있을까 의심되는 소심함이지만, 사관의 역할쯤은 충분히 할 수 있지 않을까 생각했다. 글을 풀어내는 능력도, 의용군의 역사에 대한 전문지식도 턱없이 모자라지만, 부족한 대로 기록으로 담아 뿌리는 것이 의미가 있다 싶어 무리하게 책으로 엮는 일을 여러 사람의 손을 빌려 가며 벌렸다. 조선의용군에 대해 대중들이 쉽게 읽을 만한 기록은 아직 턱없이 적어, 답사를 다니면서 우선 약산 김원봉과 석정 윤세주의 평전, 검색되는 글들을 참고했다. 서울 시립대학교 염인호 교수님의 저서인 《조선의용군의 독립운동》은 되풀이해서 읽었다. 블로그를 뒤지면 몇몇 지역을 먼저 다녀간 분들의 세심한 흔적들이 있다. 매우 유용했다. 연변에서 만난 故 김학철 선생의 아드님이신 김해양 님께서 김학철 평전을 비롯해 많은 자료를 제공해 주셨다. 연변대학의 조선족 학자들이 남긴 조선족의 항일 투쟁과 관련한 책들은 연변과 심양의 조선 서점에서 쉽게 찾을 수 있다. 가능한 대로 많이 구해보고 전달하려 애썼지만, 전문 지식 없는 답사객의 한계를 절감하기도 했다.

1년의 중국 연수를 허락해준 KBS 선후배들과 이 답사에 음으로 양으로 도움을 준 많은 분을 떠올려본다. 이 작은 성과가 시작되어 그분들께 보답할 날이 오는 것만이 감사의 인사가 될 것임을 잘 알고 있다. 가족은 항상 든든한 뒷배가 된다. 어머니와 작가 동생, 그리고 이내기 없었으면 애초 시작도 없었을 것이다. 점점 세상 돌아가는 일에 관심도 질문도 많아지는 두 딸 이서, 이재와 함께 읽고 다닐 멀지 않은 그날을 기다린다.

　지금도 조선의용군을 기리는 작업은 누군가에 의해 계속 얹어가고 있다. 더 많은 관심으로 이어져 그들이 우리 역사에서 제자리를 찾는 날이 속히 오기를, 그 치열하고 찬란했던 시대와 장정을 겪지 않은 운 좋은 후대의 한 사람으로서 바라본다.

우리가 잃어버린 이름
조선의용군

초판 1쇄 인쇄 2018년 12월 1일
초판 1쇄 발행 2018년 12월 12일

지은이 류종훈

펴낸이 김남전
기획·책임편집 서선행 | 외주교정 이하정 | 디자인 정란
마케팅 정상원 한웅 정용민 김건우 | 경영관리 김하은

펴낸곳 ㈜가나문화콘텐츠 | 출판 등록 2002년 2월 15일 제10-2308호
주소 경기도 고양시 덕양구 호원길 3-2
전화 02-717-5494(편집부) 02-332-7755(관리부) | 팩스 02-324-9944
홈페이지 ganapub.com | 이메일 admin@anigana.co.kr

ISBN 978-89-5736-989-0 (03910)

가나출판사는 당신의 소중한 투고 원고를 기다립니다. 책 출간에 대한 기획이나 원고가 있으신 분은 이메일
ganapub1@naver.com으로 보내 주세요.

"왜놈을 몰아내고,
조선의 절대 독립을 이뤄내자.
조선 3000만 민중이 모두,
우리의 역량이다!"

_약산 김원봉